에큐메니칼 협력선교: 정책, 사례, 선교신학

에큐메니칼 협력선교
: 정책, 사례, 선교신학

황홍렬 편저

부산장신대학교 세계선교연구소

목차

발간사 | 허원구 목사(부산장신대 세계선교연구소 이사장, 산성교회) … 6

추천사 | 이홍정 목사(대한예수교장로회 총회 사무총장) … 8

채수일 총장(한신대학교) … 11

최갑종 총장(백석대학교) … 13

격려사 | 김용관 총장(부산장신대) … 15

서론 | 황홍렬 교수(부산장신대 세계선교연구소 소장) … 17

1부 총회의 에큐메니칼 선교정책

총회의 정책문서에 드러난 에큐메니칼 선교정책 | 변창배 목사(대한예수교장로회총회 기획국장) … 25

2부 에큐메니칼 협력선교의 사례들

체코에서의 에큐메니칼 협력선교 | 이종실 체코 선교사 … *41*

태국에서의 에큐메니칼 협력선교 | 홍경환 태국 선교사 … *53*

필리핀에서의 에큐메니칼 협력선교 | 한경균 선교사(전 필리핀그리스도연합교회 선교동역자, 현 뉴질랜드장로교회 아시안사역 총무) … *75*

재일대한기독교회의 에큐메니칼 선교 | 김병호 선교사(일본, 재일대한기독교회 총간사) … *91*

메콩, 인도차이나에서의 에큐메니칼 협력선교 | 허춘중 선교사(태국 기독교총회 에큐메니칼 선교동역자) … *105*

동아프리카 장로교회(PECA)와의 에큐메니칼 협력선교 | 이원재 선교사(케냐, 동아프리카 장로교회 선교동역자) … *119*

영등포노회·가나장로교회·독일 팔츠주교회의 에큐메니칼 협력선교 | 이명석 선교사 (가나, 에큐메니칼 선교 동역자) … *129*

멕시코에서의 에큐메니칼 협력선교 | 홍인식 선교사(멕시코 장로교신학대학 교수) … *139*

쿠바에서의 에큐메니칼 협력선교 | 김성기 선교사(쿠바, 에큐메니칼 동역자) … *149*

3부 에큐메니칼 협력선교의 선교신학

에큐메니칼 협력선교의 사례와 선교신학 | 황홍렬 교수(부산장신대) … *165*

저자 소개 … *221*

발간사

허원구 목사(부산장신대 세계선교연구소 이사장, 산성교회)

그동안 한국교회가 전향적인 자세로 세계선교에 임해왔습니다. 수많은 선교사들을 파송하고 곳곳에 교회를 세웠습니다. 그리고 실질적인 열매들도 거둘 수 있었습니다. 하지만, 안타깝게도 거시적인 선교정책과 이념의 부재 혹은 부실로 인해 세계선교는 개교회의 성장을 위한 도구로 여겨지기까지 합니다. 나뉘고 분열된 한국교회의 현실이 선교현장에서도 그대로 투영되고 있기에, 세계교회의 우려의 목소리 또한 높아지고 있는 것이 사실입니다.

이제 한국교회는 지난 2013년 WCC부산총회가 세계교회와의 영적인 연대를 이루고 신학적인 지평을 넓혔을 뿐 아니라, 구체적으로 어떻게 실천할지를 고민했다는 점에서 긍정적인 평가를 받은 것을 잊지 않아야 합니다. 특별히 선교현장에 있어서는 더욱 중요합니다. 부산총회 당시 곳곳에 파송된 선교사님들이 현지교회, 교단의 지도자들과 함께 부산총회에 참가했던 모습이 생생합니다. 에큐메니칼 운동 안에서 발견했던 희망을 이제 선교현장과 지역 구석구석에 실현하는 노력이 필요하다는 것을 우리는 더욱 공감하게 되었습니다. 성령 안에 있는 생명이야말로 선교의 본질이기에 우리는 복음을 통해서 창조의 모든 영역 속에서 서로 안에 연결되어가기를 추구해야합니다. 기존 한국교회의 일방적 선교로부터 중장기적인 대안으로서 에큐메니칼 협력선교로 선교의 패러다임을 이동하는 것은 결코 두려워할 일이 아닙니다. 온 세상이 생명의 그물 안에 담기고, 하나님의 선교를 우주적인 차원에서 인식하려는 노력은 신학적인 논리에 갇혀 있는 것이 아니라 선교현장 곳곳에서 나타나는 하나님의 선교의 경향성을 발견할 수 있는 구체적인 방법이기 때문입니다.

본서는 구체적인 논리의 나열이 아니라, 선교의 구체적인 자리에서 몸으로 부딪치며 체득한 경험의 나눔을 담고 있다는 점에서 현실적이고 실천적입니다. 해외 곳곳에서 에큐메니칼 협력선교를 통해 하나님의 생명과 정의와 평화를 만난 선교사들의 이야기를 통해 에큐메니칼 협력선교의 잠재력과 가능성들을 함께 발견할 수 있습니다. 개교회주의에 빠진 한국교회의 부정적 현실을 그대로 옮겨 놓는 듯한 선교현실에서 과감히 등을 돌려, 선교 현지의 교회와 지역과 함께 협력해 더욱 낮은 곳으로 향해 섬김을 구현하려는 실천으로 현장에서의 선교가 더욱 풍성해지고, 유익해진 협력선교의 경험이 본서에 담겨 있습니다. 이는 우리에게 보다 명확한 확신을 심어주기에 충분합니다. 또한, 협력선교의 사례를 통해서 신학적이고 비판적인 성찰을 통해 보다 나은 생명의 길을 걸어가고자 땀을 흘린 저자들의 숨결이 그대로 한 글자 한 글자 안에 녹아있습니다. 전통적이고 성취지향적인 선교정책이 가져오는 부작용들을 우려하면서도 뚜렷한 대안과 갈피를 잡지 못하고 있는 한국교회에 때맞춰 발간되는 이 책은 참 시의적절하고 요긴합니다.

특별히 세계선교연구소를 통해 논의되는 여러 가지 이슈들이 시대와 교회 속에 깊은 통찰을 주고, 선교의 현장마다 깊은 혜안과 실천적 갈피를 제공해주고 있습니다. 흔들리지 않는 나무처럼 하나님의 선교에 동역하며 수고하는 황홍렬 교수님과 참여하신 여러 선교사님들, 체코 이종실 선교사님, 태국 홍경환 선교사님, 태국 허춘중 선교사님, 뉴질랜드 한경균 선교사님, 일본 김병호 선교사님, 케냐 이원재 선교사님, 가나 이명석 선교사님, 멕시코 홍인식 선교사님, 쿠바 김성기 선교사님과 총회 선교정책을 쓰신 기획국장 변창배 목사님의 노고에 아낌없는 격려를 글에 담아 드립니다. 그리고 바쁘신 중에도 본서의 추천사를 써주신 총회 사무총장 이홍정 목사님, 한신대 채수일 총장님, 백석대 최갑종 총장님과 격려사를 써주신 부산장신대 김용관 총장님께 깊은 감사를 드립니다.

2015년 10월

추천사: 하나님의 선교의 생명망짜기

이홍정 목사(예장 총회 사무총장)

생명망(web of life)의 관점에서 교회와 세상을 바라보며 하나님의 선교를 성찰할 때, 우리는 자기 비움과 상호의존성의 영성에 기초하여, '숲과 나무' 혹은 '몸과 지체'가 지닌 유기적 상관성에 주목하게 된다. 이는 개혁주의에 근거하여 지구적 차원에서 지역 상호 간 에큐메니즘(Inter-local Global Ecumenism)을 지향하는 지역교회가 지니는, 지역성과 지구성 사이에 상관성을 강화시켜 나가는 것을 의미한다. 이는 또한 지구적 차원에서 지역 상호 간 일치와 공동의 증언을 위한 협의회적 선교운동의 전개를 요청한다. 현지교회와의 협의회적 의사결정과정 수립을 통해, 선교사 중심의 양적 선교에서 질적 영향력을 중시하는 협력선교로 전환해야 한다. 이는 일방적 선교가 아니라 협력관계에 근거한 초대받은 선교로, 현지선교사회 중심이 아니라 현지선교협의회 중심으로 전환할 것을 요청한다.

이를 위해 한국교회는 세계교회와 공유할 수 있는 과정(process) 중심의 선교정책과 프로그램을 개발하고, 한국과 선교현장의 지역노회와 교회들 사이에 상호교류를 증진하므로, 지역교회가 지닌 지구성의 개발에 힘쓰며, 지역교회와 노회가 세계선교공동체로 변화 발전되도록 노력해야 한다. 이 같은 지구적 차원의 지역 상호 간 선교협력은 지역 에큐메니즘의 강화로 귀결되어야 한다. 지역 에큐메니즘을 구현하고 이를 통해 지역순환경제체제에 근간한 '생명공동체', 즉 '치유되고 화해된 마을공동체' 만들기에 기여하는 세계선교정책이 필요하다. 예수 그리스도 안에서 치유되고 화해된 지역생명공동체 건설을 위해, 먼저 그리스도의 몸 된 지체들 사이의 유기적 상호의존성을 강화하고, 지역교회 생명망짜기를 통해 지역교회 생태계의 지속가능성을 강화하는 것이 필요하다.

모든 지역교회들은 그리스도 안에 있는 '값비싼' 친교(Costly Koinonia)를 토대로 한 협의회적 친교(Conciliar Koinonia)로 초대받고 있다. 일치에 관한 신학적 교회적 성찰과 일치와 공동의 증언이 지니는 상관성을 토대로 제도적 이념적 한계와 대립구도를 넘어서서 지역교회들의 협의회적 친교와 일치, 공동의 증언과 봉사를 모색해야 한다. 이 과정에서 다양성 속의 일치와 공동의 증언을 위해 선교에 있어서 상호 나눔의 원칙, 다중적 협력을 통한 긍정적 관계 확산의 원칙, 각 상황에서 이미 진행 중인 기존교회들의 선교에 대한 존중의 원칙, 문화적 배경이 서로 다른 교회들을 열린 자세로 수용하는 개방성의 원칙 등이 지켜져야 한다. 이는 결국 글로벌 차원에서 지역 상호 간 생명망짜기를 통해 에큐메니칼하게 지속 가능한 지역교회성장(Ecumenically Sustainable Local Church Growth)을 이루고, 지역사회의 생명자본을 증진하는데 기여하게 될 것이다.

선교현장에서 협의회적 선교운동을 재구성하기 위해서 먼저 뿌리요 열매인 지역교회와 성도, 그들의 선교현장에서 출발하여 다시 거기로 돌아가는 해석학적 실천적 순환체계를 재구성해야 한다. 일치와 증언과 봉사로 주제영역을 선택적으로 집중화하고, 선교현장의 지역교회지도자들과 지역선교에 대한 공동의 이해와 비전을 공유하며, 지속가능하고 평가 가능한 과정중심의 공동의 선교사업을 개발해야 한다. 이를 위하여 에큐메니칼 자원을 공유하고 인적 자원을 공동개발하며, 경쟁적 교파주의와 기구중심주의의 한계를 극복하고, 상호성(mutuality)에 기초하여 세계교회와의 유기적 관계를 강화시키며 지역의 선교적 주체성을 강화시켜야 한다.

협의회적 선교운동의 영성을 한마디로 표현하면 자기 비움의 에큐메니즘(kenotic ecumenism)이다. 상호의존성에 대한 깊은 자각을 기초로 한 자기 비움을 통해 상생의 길을 모색하는 생명망의 영성이 강화되어야 한다. 복음의 온전성과 총체성의 빛에서 제도적 자기표현이 지닌 한계를 인정하고 지속적인 갱신의 과정을 함께 만들어가야 한다. 협의회적 선교운동을 위한 지속 가능한 과정을 수립할 때 섬김의 에큐메니즘이 필요하다. 지역교회들의 하나됨을 위해 크고자 하거든 남을 섬기며, 남에게 대접을 받고자 하는 대로 남을 대접하는 예수 그리스도의 섬김의 정치학이 실천되어야 한다. 또한 협의회적 과정을 이끄는 리더십이 강화되어야 한다.

오늘의 변화된 세계 속에서 그리스도의 교회로 존재한다는 것의 의미에 대한 깊은 성찰은 예수 그리스도 안에 있는 한 몸이 지니는 유기적 상관관계에 대한 깊은 이해와 수용을 선교의 토대로 삼을 것을 요청한다. 교회는 하나님의 동역자로 자기 자신의 선교가 아니라 하나님의 선교에 동참하고 있다는 확신을 상호 확인하고 상호 경축하는 정신이 필요하다. 전 세계의 지역교회들이 모든 민족과 모든 피조물들을 그리스도 안에서 치유하고 화해시키고 하나 되게 하기 위한 구원의 신성한 계획을 보다 온전히 공유하기 위해 한 소망에로의 부르심에 헌신해야 한다.

이번에 에큐메니칼 협력선교에 헌신하고 계시는 선교사님들의 현장사례를 토대로, 부산장신대학교 세계선교연구소(이사장 허원구 목사, 소장 황홍렬 교수)가 수고하여 발간된 이 책이, 한국교회의 에큐메니칼 협력선교의 대로를 여는 길라잡이가 되기를 기원하며, 모든 선교현장의 사역자들에게 이 책의 일독을 권한다.

2015년 10월

추천사

채수일 총장(한신대학교)

부산장신대 세계선교연구소 소장이신 황홍렬 교수님이 기획, 편집한 『에큐메니칼 협력선교: 정책, 사례와 선교신학』의 출간을 축하하면서 기쁜 마음으로 추천합니다. 이 책은 대한예수교장로회 총회의 에큐메니칼 선교정책, 체코, 태국, 멕시코, 쿠바, 케냐, 가나 등 현지에서 에큐메니칼 선교활동을 해온 선교사들의 현장보고, 그리고 그 사례들에 대한 선교신학적 의의로 구성되어 있습니다. '에큐메니칼 협력선교'라는 개념이 선교학의 역사에 등장한 것은 그리 오래된 일이 아니지만, 선교의 역사에서는 사실 오래 전에 구현되었습니다. 1913년 독노회가 조직되어 중국교회로 파송한 3명의 한국인 선교사, 해방 후 태국으로 파송한 최찬영과 김순일 선교사는 에큐메니칼 협력선교의 모범적 사례라고 할 수 있을 것입니다. 서구 교회의 역사에서도 천주교 선교사였던 마태오 리치를 비롯하여 19세기 유럽의 경건주의 배경을 가진 많은 개신교 선교사들은 에큐메니칼 협력선교라는 말을 굳이 사용하지 않았지만, 우리가 생각하는 그런 에큐메니칼 협력선교를 실천했다고 할 것입니다.

그런데 지금 한국교회에서 에큐메니칼 협력선교가 주목받는 배경에는 지나치게 공격적이고, 시장주의적이고, 근본주의적이며, 배타적인 한국교회의 해외선교에 대한 반성이 있다고 생각합니다. 한국 선교사들이 선교현장에서 추방당하거나 살해당하는 비극적인 일이 있었던 것을 우리는 기억하고 있습니다. 비록 늦은 감이 있지만 한국교회가 지금까지의 해외선교를 반성하고, 새로운 선교를 모색하는 것은 의미 있는 일입니다. 이 책은 '에큐메니칼 협력선교'를 그 대안으로 제시하고 있습니다. 에큐메니칼 협력선교는 가르치는 선교가 아니라 서로 배우는 선교, 인간적 전략이 아니라 성령의 역사에 맡기는 선교, 교파의 분열이 아니라 교회의 일치를 지향하는 선교, 개종강요의 선교가 아니라 공동의 증거로서의 선교, 기부자 증후군과 의존자 증후군을 함께 극복하는 동역 선교, 하나님의 통치, 하나님의 나라를 추구하는 선교입니다.

국내는 물론 해외에서도 한계에 도달했다고 비판을 받는 한국교회의 선교가 새로운 길을 모색하는데 저는 이 책이 제시하는 '에큐메니칼 협력선교'가 하나의 대안이 될 수 있다고 믿습니다. 이 책이 선교의 새로운 대안을 모색하는 이들은 물론 교회에게도 나침반이 되리라는 확신을 가지고 기쁜 마음으로 추천합니다.

2015년 10월 6일

추천사

최갑종 총장(백석대학교)

선교는 부활한 예수님께서 교회에 부탁한 지상명령입니다.(마 28:18-20; 막 16:15-16; 눅 24:45-48; 요 20:21-23; 행 1:8) 그러므로 선교는 교회가 선택할 수 있는 사항이 아니고 교회의 존립과 관련된 의무사항입니다. 즉 교회는 선교를 통해서 자신의 정체성을 세상에 드러낼 수 있습니다.

세계 선교역사상 유례를 찾아볼 수 없을 만큼 짧은 130년이라는 선교기간에 비약적인 성장을 한 한국교회는 미국에 이어 가장 많은 선교사를 외국에 보낸 선교대국으로 알려져 있습니다. 돌이켜 생각해보면 이것은 한국교회에 대한 하나님의 특별한 축복이자 은혜로 볼 수 있습니다. 하나님은 한국교회를 마지막 때 아시아와 아프리카, 중남미에 복음을 전파하는 위대한 선교의 도구로 삼기 위해 이와 같은 은혜를 베푸셨습니다.

그러나 한국교회가 수많은 선교사를 외국에 파송하고 지원하고 있기는 하지만 한국교회가 현재 주님께서 부탁하신 선교사명을 충실하게 감당하고 있느냐는 물음 앞에서 '예, 그렇습니다'라고 자신 있게 말하기는 쉽지 않습니다. 그 이유 중의 하나가 선교협력관계의 부실 내지 부재일 것입니다. 각 교파, 각 교회별로 수많은 선교사들이 파송되었지만 서로 협력하지 못함으로 인해 선교사들 간의 갈등, 인적 물적 자원의 중복 내지 남용 등이 적지 않기 때문입니다.

그런 점에서 이번에 부산장신대 선교학교수인 황홍렬 박사께서 2014년《에큐메니칼 협력선교 포럼》에서 발표된 논문 및 사례를 재편집하여 『에큐메니칼 협력선교: 정책, 사례와 선교신학』이라는 책으로 출판하는 것은 매우 시기적절하고 의미가 있다고 볼 수 있습니다. 본서가 한국교회 선교가 안고 있는 문제를 해결할 수 있는 대안을 제시하고 있기 때문입니다.

　사실 선교에는 교단과 교파, 교회와 교회, 에큐메니칼과 에반젤리칼의 협력이 절실히 필요합니다. 그리고 한국 선교사와 현지교회와 협력하는 협력선교가 필요합니다. 예수님의 하나님의 나라 선포사역은 에큐메니칼이 강조하는 사회정의, 인권, 평등, 성차별, 가난과 질병 퇴치, 생태계복원 등 수평적인 차원은 물론, 에벤젤리칼이 강조하는 죄 용서, 회개, 구원 등 수직적 차원을 다 포함하고 있습니다. 그러므로 예수님의 하나님의 나라를 선포하는 선교를 이 땅에 실현하기 위해서는 서로 협력이 필요합니다. 내가 아니면, 내 교회가 아니면, 내 교단이 아니면 할 수 없다는 식의 독단적 선교를 극복하여 너와 내가, 우리가 함께하는 협력선교 패러다임을 만들어가야 합니다.

　아무쪼록 본서의 출판이 이와 같은 협력선교 패러다임을 가져오는데 기여가 있기를 바라면서, 그리고 한국교회 선교갱신과 부흥의 도약을 바라면서 많은 분들의 일독을 적극적으로 권합니다.

2015년 10월

격려사

김용관 총장(부산장신대)

부산장신대학교 세계선교연구소(이사장 허원구 목사, 소장 황홍렬 교수)가 이번에 『에큐메니칼 협력선교: 정책, 사례와 선교신학』을 발간하게 됨을 축하드립니다. 부산장신대학교는 총회의 지침을 따라 에큐메니즘을 가르치고 있고, 2013년 WCC 부산총회가 열릴 때에는 본교의 많은 학생들이 자원봉사자로 활동하여 에큐메니즘을 몸으로 배웠을 뿐 아니라 한국에큐메니칼신학원(Korean Ecumenical Theological Institute)을 본교에 유치해 한국의 신학생들에게 세계 에큐메니즘을 공부하도록 하는 데 기여했습니다. 이번에 발간하는 책은 총회의 에큐메니칼 협력선교에 대한 정책과 9명이나 되는 선교사님들의 귀한 사례들(아시아, 유럽, 아프리카, 라틴 아메리카), 그리고 황홍렬 교수님의 에큐메니칼 협력선교에 대한 선교신학적 글을 싣고 있습니다. 그동안 한국교회의 세계선교가 양적으로 많은 발전을 해왔지만 세계교회로부터 많은 비판을 받고 있는 것도 사실입니다. 이러한 때에 총회가 지향하는 에큐메니칼 협력선교의 소중한 사례들과 정책과 선교신학을 제시하는 본서는 시의적절할 뿐 아니라 한국교회의 세계선교가 일방적 선교로부터 에큐메니칼 협력선교로의 방향전환에 좋은 기여를 할 것으로 봅니다.

아울러 부산장신대학교가 위치한 부산과 경남지역, 그리고 울산의 많은 교회들이 세계선교에 참여하고 있습니다. 본서가 이 지역교회들의 선교가 에큐메니칼 협력선교를 지향하도록 하는데 기여하기를 희망합니다. 본서가 에큐메니칼 협력선교정책과 선교신학뿐 아니라 아홉 가지의 다양한 협력선교의 사례들을 제시하고 있기 때문에 지역교회들이 에큐메니칼 협력선교로 전환하는 데 실질적으로 도움을 줄 수 있을 것으로 봅니다. 다시 한 번 본서를 출간하기 위해 애쓰신 허원구 이사장님과 황홍렬 교수님께 큰 격려를 드립니다.

2015년 10월

서론

황홍렬(부산장신대 세계선교연구소 소장)

한국교회는 복음을 서구교회로부터 받은 지 한 세대가 되지 않은 1913년 중국에 선교사를 파송했다. 그 당시 조선은 나라를 일본에 빼앗긴 식민지 국가였다. 세계선교 역사상 식민지 국가가 세계선교에 참여한 예외적 사례였다. 당시 조선교회의 중국선교를 위해 서구 선교부들이 협력하여 지역 조정을 했고, 조선 선교사들의 소속은 중국 교회 래양노회였다. 이처럼 한국교회의 세계선교는 처음부터 에큐메니칼 협력선교였다. 1907년 독노회는 7명의 첫 목사 중 이기풍 목사를 외국으로 여겨지던 제주도로 선교사로 파송했다. 이처럼 한국교회는 독노회가 되자마자, 그리고 총회가 창립되자마자 선교사를 파송하는 교회의 본질이 선교에 있음을 깨달은 선교적 교회였다. 해방 후 한국교회는 최찬영, 김순일 선교사를 '선교 사역의 동역자'(Fraternal Worker)로 1956년에 태국으로 파송했다. 그런데 1980년대 후반 한국교회의 교회성장을 토대로 한국교회는 세계선교에 박차를 가하기 시작했다. 그래서 이제는 전 세계에 선교사를 두 번째로 많이 보내는 선교국가가 되었다. 그렇지만 세계교회의 지도자들이나 신학자들은 한국교회의 세계선교에 대해 "복음은 전하지 않고 교회성장만을 전파했다"든지 "참 의미로서의 선교가 아니라 선교를 위장한 사업"이라든지 "한국교회가 … 세계에서 제일 나쁜 식민지 정책을 사용하고 있는 것 같습니다"라는 비판을 하고 있다.

한국교회의 세계선교에 대한 비판에 대해 대안을 제시하기 위해 부산장신대 부설 세계선교연구소(이사장 허원구 목사, 소장 황홍렬 교수)는 2014년 7월 10일에 〈에큐메니칼 협력선교 포럼〉을 부산장신대에서 개최했다. 당시 포럼에 총회의 선교정책을 위해 변창배 국장이 초대를 받았으나 총회 일정과 겹쳐 참여하지 못했다. 에큐메니칼 협력선교의 좋은 모델로 체코와 태국의 에큐메니칼 협력선교를 선정했다. 예장 총회(통합)가 태국기독교단과 1986년에 선교협정을 맺은 이래 에큐메니칼 협력선교가 장기간 지속되며 좋은 관계를 맺고 소중한 열매를 거두며 발전해온 대표적 사례였고, 예장 총회가 체코형제복음교회와 선교협정을 맺은 것은 1997년이지만 그 이후의 발전은 다른 지역에서 볼 수 없는 특이한 점들이 있기 때문이다.

이종실 체코선교사는 첫 4년간(1993-1997) 양 교회 간 선교협정을 맺기까지는 자신이 선교사가 아니라고 해서 최소한의 지원만 받는 '나그네' 신분이었다. 이종실 선교사는 양 교회 사이에 선교협정이 맺어진 후 선교사 훈련을 받고 총회 선교사로 파송되었다. 정작 본인은 체코에 '나그네'로 가기 전에 총회에서 세계선교사 파송 업무를 담당하던 간사였기에 체코로 총회 파송 선교사로 가는 것은 전혀 어려운 일이 아니었지만 자신의 에큐메니칼 선교신학과 선교정책을 삶으로 구현하기 위해 '나그네'라는 십자가를 4년간 지고 살았다.

태국기독교단의 초청으로 선교동역자로 1986년에 태국으로 간 조준형 선교사는 태국기독교단과 에큐메니칼 협력선교의 기초를 놓기 위해 10년간의 세월을 한국의 동역자 없이 배우는 선교사, 기다리는 선교사로서 자신을 변형시켜 나갔다. 이런 기초를 토대로 1999년 이후 예장 총회의 에큐메니칼 협력선교가 양적으로, 질적으로 큰 진전을 이뤘다. 이러한 진전은 몇몇 뛰어난 개개인 선교사들이 결코 이룰 수 없는 성과였고, 개개인 선교사들이 일으킬 수 있는 많은 문제들을 사전에 방지하는 모범적인 협력선교의 사례였다. 최승근 선교사는 2010년에 "태국에서의 동반자 선교에 관한 연구"라는 석사학위 논문을 통해 태국에서의 에큐메니칼 협력선교의 사례를 정리했다. 이 포럼에는 총회 세계선교사회의 총무인 홍경환 태국선교사가 발제를 맡았다. 필자는 「에큐메니칼 협력선교의 사례와 선교신학적 의의」라는 글에서 체코와 태국에서의 에큐메니칼 협력선교 사례와 선교역사에 나타난 협력선교의 사례들을 소개했고, 에큐메니칼 협력선교의 장애요소의 하나로서 교회의 이중구조를 지적했고, 에큐메니칼 협력선교에 이르게 된 세계선교대회와 에큐메니칼 운동의 선교신학의 흐름과 그 선교신학적 의의와 과제를 제시했다.

이러한 포럼의 의의는 크지만 한 번의 포럼으로 그치기에는 아쉬움이 커서 2015년 3월 세계선교연구소 정기 총회에서 금년도 주요사업으로『에큐메니칼 협력선교: 정책, 사례와 선교신학』이라는 책을 발간하기로 결정했다. 그래서 필자가 9명의 선교사에게 이런 책의 편집의도와 목차를 전자우편으로 보내면서 참여여부를 확인했는데 놀랍게도 한 선교사를 제외하고는 모두 참여하기로 했다. 한 선교사는 전혀 만난 적이 없는 데도 편집의도에 동의하면서 적극 참여했다. 뒤늦게 한 총회 모임에서 장신대 한국일 교수로부터 쿠바 김성기 선교사를 소개받고 연락을 했는데 김성기 선교사가 적극 참여해서 참여자가 모두 9명이 되었다. 너무나 귀한 에큐메니칼 협력선교의 사례를 그 바쁜 와중에도 제시해 준 9명의 선교사들에게 깊은 감사를 전한다. 특히 뒤늦게 참여해준 김성기 쿠바 선교사에게 감사드린다. 그리고 원래 참여하기로 했던 예장 총회 기획국장 변창배 목사도 총회를 치르고 건강이 안 좋은데도 끝까지 함께 해서 감사드린다.

아홉 가지 에큐메니칼 협력선교의 사례들은 지역적으로는 아시아의 네 지역, 유럽의 한 지역, 아프리카의 두 지역, 라틴아메리카의 두 지역 등이고, 협력형태는 양 교회/총회의 사례가 다섯 지역, 양 노회의 사례가 한 지역, 세 개 총회에 속한 노회가 한 지역, 일본은 교단엽합으로서 한국교회, 일본교회, 세계교회와 협력하고, 메콩, 인도차이나 지역은 네 개 국가에서 네 개 교회들이 협력하는 형태이다. 한국교회에게는 양 교회 사이의 에큐메니칼 협력선교의 사례도 생소한 편이지만 필리핀교회의 한 노회와 서울북노회와의 협력선교, 영등포노회·가나장로교회·독일 팔츠주교회 사이의 세 개노회의 협력선교, 재일대한기독교회의 에큐메니칼 협력선교, 메콩, 인도차이나에서의 에큐메니칼 협력선교는 상당히 생소할 것이다. 그렇지만 이런 사례들은 한국교회의 세계선교가 이제까지 일방적으로 선교하던 일방통행식 식민주의적 선교방식으로부터 에큐메니칼 협력선교로 패러다임의 전환을 하는 데 구체적인 방향과 방법을 제시한다고 필자는 확신한다. 한국교회는 인구학적으로는 초고령집단으로 어린이와 청소년과 청년이 급격히 줄어들어 조만간에 '교인 절벽' 같은 교회 존립의 위기에 부닥칠 것이다. 그때를 대비해 다양한 시도들이 시급히 요청되는데 그중 하나가 '세계선교의 구조조정'이다. 필자가 보기에 이런 위기 앞에서 한국교회의 세계선교는 에큐메니칼 협력선교야 말로 유일한 대안이 아닐까 생각한다. 소위 말하는 '고비용 저효율 구조의 선교'로부터 '저비용 고효율 구조의 선교'로의 전환은 현지교회와의 협력선교 외에는 대안이 없다. 이런 예를 가장 잘 보여주는 사례가 홍인식 선교사이다. 그는 고등학교 때 아르헨티나로 이민을 가서 그 곳에서 대학을 마치고 조직신학 박사학위를 받았다. 언어적으로 뛰어나고 현지 문화에 익숙한 홍인식 선교사는 현지 신학대학의 교수 사역을 통해 저비용 고효율의 선교를 주도해왔다. 그 구체적 열매가 쿠바 교수선교사로 간 지 1년 만에, 멕시코 교수선교사로 간지 2년 만에 예장 총회와 현지 교회 사이에 선교협정을 맺게 한 것이다. 그는 신학대학을 신축할 필요도 없고, 그의 사역을 위한 재정을 한국교회가 전적으로 지는 것이 아니라 한국교회와 현지교회가 적절하게 분담하고 있다. 더구나 라틴 아메리카 전역에 그의 신학교 제자들이 목회자로 사역하고 있어 앞으로의 협력선교의 가능성은 활짝 열려있다.

    한국교회가 에큐메니칼 협력선교에 참여하기 위해서는 선교사가, 선교공동체가 하나님의 선교(missio Dei)에 참여하고 있다는 선교신학적 입장을 가져야 한다. 에큐메니칼 선교신학 뿐 아니라 로잔 3차 대회의 선언서인 〈케이프타운 서약〉(2010)도 하나님의 선교를 강조하고 있다. 하나님의 선교는 선교의 주체가 교회나 선교사가 아니라 삼위일체 하나님이고, 선교의 목적이 하나님의 나라이며, 선교의 방법은 십자가라고 본다. 에큐메니칼 협력선교에 참여했던 모든 선교사들의 고백처럼 선교사는 처음 하는 일이 배우며 기다리는 선교사가 되는 일이었다. 즉 하나님의 선교에서 첫 번째 선교대상은 선교사, 선교공동체 자신으로서 하나님의 뜻이 선교지에서 어떻게 나타나는 지를 깨닫는 것이 중요하다. 그리고 선교는 사업이 아니라 선교지에서 하나님의 뜻을 이루기 위한, 하나님 나라를 이 땅에 이루기 위한 교회 간, 교회와 세계/사회/피조물 사이의 관계가 새롭게 형성되는 것이다. 즉 구약에서 말하는 것처럼 이스라엘은 하나님의 백성이 되고 하나님은 이스라엘의 하나님이 되는, 하나님과 이스라엘의 참된 관계 수립이 열방 구원의 전제조건이다. 예수 그리스도의 기도처럼 "아버지여, 아버지께서 내 안에, 내가 아버지 안에 있는 것 같이 그들도 다 하나가 되어 우리 안에 있게 하사 세상으로 아버지께서 나를 보내신 것을 믿게 하옵소서"(요 17, 21)라는 말씀을 이루기 위해서는 믿지 않는 자들을 위한 복음 선포 이전에 그리스도인들이 먼저 삼위일체 하나님의 사랑 안에서 하나가 되는 일이 필요하다. 에큐메니칼 협력선교는 주의 기도를 이루는 선교요, 세상으로 하여금 복음을 믿게 하기 위한 선교의 전제조건이다. 우리가 복음을 믿지 않고 그대로 살지 않는다면 누가 우리가 전하는 복음을 믿을 것인가? 태국에서의 최찬영, 김순일 선교사의 선교는 한국 장로교회의 분열로 말미암아 스캔들이 되었다. 한국 선교사를 파송한 교단이 분열되어 두 선교사의 소속 교회가 나뉘었으니 태국의 불교도들이 이러한 선교를 무엇이라 평가했을까?

그런데 에큐메니칼 협력선교는 비서구지역교회의 강화라는 21세기 세계선교의 중요한 주제 중 한 가지이지만 어디까지나 세계선교의 선교형태, 조직에 관한 것일 뿐 내용까지를 다 담고 있는 것은 아니다. 앞으로 필자는 세계선교연구소를 통해 디아코니아로써의 선교를 책으로 출판하기를 희망한다. 에딘버러 세계선교대회 100주년을 기념하면서 나온 연구 결과 중 가장 충격적인 것은 비기독교인의 86% 정도는 태어나서 죽을 때까지 기독교인의 얼굴을 본 적이 없다는 통계였다. 이슬람, 힌두교, 불교 지역에 사는 사람들에게 기독교 선교가 별 효과가 없다는 증거다. 이에 대한 대안이 디아코니아로써의 선교라고 생각한다. 이미 소중한 사례들이 많이 나와 있다. 그런 사례들을 소개하는 후속작업이 이뤄지기를 희망한다.

1부 총회의 에큐메니칼 선교정책

총회의 정책문서에 드러난 에큐메니칼 선교정책

변창배 목사(총회 기획국장)

1. 들어가는 말

본 교단의 선교는 그 출발부터 개교회와 교파의 한계에 매이지 않는 복음주의적 에큐메니칼 선교였다. 대표적인 사례가 1912년 조선예수교장로회 총회 창립과 동시에 시작된 중국 산둥성 선교이다. 산둥성 선교는 '전도를 통한 현지인 교회 설립'을 목적으로 하였다는 점에서 복음주의적이라고 할 수 있고, 한국의 장로교회와 미국 북장로교의 한국선교부와 중국선교부, 그리고 중국교회의 4자가 동역한 선교였다는 점에서 에큐메니칼 선교라고 할 수 있다.[1] 산둥성 선교는 1912년 7월 1일에 모인 제2회 황해노회에서 김익두 목사의 보고로 공식화되어서, 9월에 모인 총회는 1년 중에 한 주일을 세계선교주일로 지키고 기도와 헌금을 할

---

1 한국교회백주년준비위원회사료분과위원회, 『대한예수교장로회 백년사』 (서울: 대한예수교장로회 총회 교육부, 1984), 251-253.

것과 중국 등지에 선교사를 파송할 것을 결의하고[2], 박태로 목사를 산둥성 선교사로 임명하였다. 1년 뒤에 김영훈 목사와 사병순 목사를 추가로 파송했다. 이 일은 1907년 독노회 시절부터 6년 동안 전도국 위원장을 맡아 수고한 길선주 목사가 주도했다. '나라는 식민지가 되었지만, 하나님 나라의 일원으로 세계 선교에 참여해야 한다'는 소명감의 결실이었다. 이에 앞서 장로교회는 제주도나 일본, 블라디보스톡, 북간도 등지에 선교사를 파송한 일이 있으나, 산둥성 선교가 최초의 타문화권 선교였다. 산둥성 선교는 한국교회가 주도적으로 선교사를 파송하고 선교 재정을 감당했지만, 초기부터 미 북장로회와 긴밀한 협력 속에서 진행되었다. 윌리엄 블레이어 헌트(韓韋廉, William Blair Hunt) 선교사가 그 통로가 되었다. 헌트 선교사는 직접 산둥성으로 건너가서 현지의 북장로회 선교부와 협의하며 지원했다. 훗날 한국 선교사를 중심으로 라이양 노회가 설립될 때에도 미 북장로회 산하 교회들을 한국선교사회로 이양을 받아서 노회로 발전했다. 미 북장로회는 1861년에 이미 산둥 선교를 시작했던 것이다. 에큐메니칼 협력 선교의 모범이라고 할 수 있다.

1913년에 모인 제2회 총회는 총회 사무국으로 하여금 "총회에셔 즁화민국에 션교ᄉ를 보ᄂᆡ여 교회 세우는 쥬의가 그 나라 로회에 속ᄒ게 ᄒ고 ᄉ타로 교회를 셰우지 아니ᄒᆞᆯ 것"[3]이라는 뜻을 중국교회의 노회에 편지를 보내어 알리자는 전도국 보고를 채택하였다. 이는 중국에 선교사를 파송하는 목적이 중국인들에게 전도하여 교회를 설립하는 것이고, 설립된 교회는 중국교회의 노회에 소속되도록

---

2 한석진 편, 『예수교장로회죠션총회뎨일회회록』 (서울: 야소교서회, 1913), 20-22. 참고로 조선예수교장로회 창립 총회에 참석한 총대는 모두 221명이었다. 그중 목사 총대는 96명, 장로 총대는 125명이며, 목사 중에서 외국 선교사는 44명, 한국인 목사는 52명이었다. 총회에 보고된 장로교인 총수는 12만 7,228명, 세례교인은 5만 3,008명이었다. 목사는 선교사를 포함해서 128명이고 장로가 225명이었다. 한석진 편, 『예수교쟝로회죠션총회뎨일회회록』, 61.
3 김필수 편, 『예수교쟝로회죠션총회데이회회록』 (서울: 야소교회내, 1913), 25.

하겠다는 것을 사전에 중국교회와 교섭하자는 것이다. 이러한 보고가 산둥성 선교가 지닌 복음주의적 에큐메니칼 선교의 면모를 분명하게 보여준다.

복음주의적 에큐메니칼 선교 전통은 해방된 뒤에 세계 선교를 시작할 때도 동일하게 유지되었다. 1956년에 해방 후 첫 타문화권 선교사로 태국으로 파송된 최찬영, 김순일 선교사도 에큐메니칼 협력선교의 모범을 따랐다. 이 글은 본 교단의 선교신학 지침과 우리의 선교신학을 중심으로 총회의 정책문서에 나타난 에큐메니칼 선교정책을 간략하게 기술하였다.

2. 제67회 총회의 선교신학과 선교정책

1907년부터 선교 100주년을 한 해 앞둔 1983년까지 임기를 마치고 귀국한 본 교단 선교사가 35명이었고, 그 해를 기준으로 총회 파송선교사가 21개국에 38명이었다.[4] 총회 세계선교부가 제99-12차 총회 임원회에 보고한 자료에 따르면 2015년 9월 1일 현재 본 교단 총회 파송 선교사는 92개국에 739가정, 1,389명이다.[5] 해방 이후 1956년에 태국으로 선교사를 파송해서 선교를 재개한 것과 비교하면 놀라운 성장이 아닐 수 없다. 이를 좀 더 세분해서 구분하면 다음과 같다.

---

[4] 대한예수교장로회 총회는 1984년에 맞이하는 선교 100주년을 기념하기 위해서 1983년에 한국교회 100주년 선교대회를 개최하였다. 양신석, "해외 선교", 대한예수교장로회 한국교회100주년 선교대회 준비위원회 편, 『한국교회 100주년 선교대회 보고서』(서울: 양서각, 1983), 296-298.

[5] 본 교단 선교사는 총회 파송 이외에 노회와 교회, 선교단체가 파송한 선교사들이 있다. 이들의 수는 약 3,000여 명에 달하는 것으로 추정된다. 총회가 파송한 선교사들과 합하면 교단에서 파송한 선교사의 총수는 약 4,500여 명으로 추산할 수 있다.

구 분	파송국가 수	파송가정 수	파송인원(명)
장기선교사	77	497	951
수습선교사	60	201	381
단기전문인선교사	2	2	4
견습선교사	16	20	21
자원선교사	1	1	1
고문선교사	1	2	2
현지선교사	4	5	9
위탁선교사	2	2	4
본부선교사	-	7	12
기타	-	2	4
합 계	92	739	1,389

  총회가 세계선교를 위한 선교신학과 선교정책을 처음 결정한 것은 제67회 총회(1982)이다. 당시 해외선교를 담당하던 전도부에서 제66회 총회의 허락을 받아서 1982년 1월 19일-20일 서울에서 개최된 총회 전도부 선교정책연구회의 주제 발표, 응답, 토론을 종합하여 제67회 총회에 문서로 보고하였다.[6] 당시 보고된 선교신학은 하나님의 선교(Missio Dei)에 기초하여 개인 영혼 구원과 사회 구원을 포괄하는 통합적인 선교신학이 본 교단의 선교신학이라고 결론을 내렸다. 또 해외선교를 위한 선교정책은 아시아 복음화의 중책이 우리에게 있다는 사실

---

6 문서는 "총회의 선교신학"과 "총회 선교정책"으로 구분하여 보고하였다. 선교정책은 국내선교와 해외선교로 구분하여 정책을 설명하고 있다. 이 선교정책연구회를 조직한 총회 전도부 선교정책연구위원회는 위원장 박치순, 위원 이상근, 한기원, 한완석, 임종헌, 림인식, 임서현, 성갑식, 양신석, 김소영, 전문위원 곽선희, 문희석, 홍성현, 김용복, 서정운 등으로 조직되었다. 대한예수교장로회총회 편, 『대한예수교장로회 제67회 총회 회의록』 (서울: 대한예수교장로회총회교육부, 1982), 53-63.

을 확인하고, 현지 지도자 교육, 한국인 해외 선교사 양성, 제3세계 선교센터 건립, 교포선교 등을 통하여 "중공권, 모슬렘권, 힌두권, 불교권 등 복음이 아직도 침투되지 않은 지역에 복음을 전파"[7]할 것을 기본 정책으로 주장했다. 제67회 총회에 보고된 선교신학과 선교정책은 본 교단의 선교에 대한 신학과 정책을 기초했다는 특징이 있으나, 1박 2일에 걸친 선교정책연구회의 내용을 요약 정리한 것으로 체계적인 선교신학이나 선교정책이라고 보기 어렵다.

당시 전도부 총무인 양신석 목사는 정책적인 응답이 요청되는 세계 선교의 문제점으로 훈련원 설립과 선교사 훈련 문제, 선교기금 확보, 안식관 건립, 선교사 자녀 교육 문제, 선교사 계속 교육 문제, 해외 선교에 대한 인식과 전국 교회의 적극적인 동참 등의 여섯 가지로 보고, 선교 창구를 총회 전도부로 일원화할 것을 주장하였다.[8] 또, 1983년에 개최된 한국교회 100주년 선교대회의 제21분과(해외선교)의 토론 참가자들도 기구개편을 통하여 해외선교부 설치, 선교사 훈련원 설치, 선교사 생활비 균등화, 안식관 확보, 선교 자원 확보 등을 정책적인 뒷받침이 필요한 문제점으로 보았다.[9] 선교 100주년을 맞으면서 50명의 선교사 가족을 파송하겠다는 목표에 따라서 이를 뒷받침할 선교정책 수립의 필요에 대해서 공감대가 확산되었다고 볼 수 있다.

---

7 『대한예수교장로회 제67회 총회 회의록』, 62.
8 『한국교회 100주년 선교대회 보고서』, 301-303.
9 『한국교회 100주년 선교대회 보고서』, 383.

3. [대한예수교장로회 신앙고백서]에 나타난 선교 이해

1983년 제68회 총회는 한국교회 100주년을 기하여 우리 자신의 신앙고백서를 제정하기로 결의하고, 3년간에 걸친 논의 끝에 1986년 제71회 총회에서 [대한예수교장로회 신앙고백서]를 본 교단의 교리로 채택하였다. 이 신앙고백서는 우리 총회가 제정한 최초의 신앙고백서이다. [대한예수교장로회 신앙고백서]는 제9장을 선교에 할애하고 "선교가 모든 그리스도인에게 주어진 지상 명령임을 믿는다"고 고백하였다. 또 선교에는 국내선교와 국외선교가 있으며, "현재 지구상에는 예수 그리스도의 복음을 듣지 못한 사람들이 많이 있으므로 우리는 국외선교를 적극적으로 추진해야 한다"고 고백하였다. 이는 복음 전도를 강조한 복음주의적 이해를 보여준다.

    동시에 [대한예수교장로회 신앙고백서]는 "선교의 대상에는 제한이 없다. 모든 인종과 민족과 국가와 사상과 계급이 다 그리스도의 복음의 선교 대상이다."고 고백하므로 에큐메니칼 선교의 지평을 열고 있다.[10] [대한예수교장로회 신앙고백서]는 서문에서 "시대적인 여러 과제"라는 용어로 사회적인 문제를 포괄적으로 설명하고, 민족복음화의 모토 아래에 시대적 과제들을 복음적으로 해결해나가야 한다고 적고 있다. 이는 당시의 오랜 권위주의적인 통치 아래에서 누적된 사회적인 문제도 교회가 담당해야 할 선교적인 과제라는 주장을 에둘러서 표현한 것으로 보인다. 이는 제6장 구원에서 "그리스도인은 하나님의 공의가 개인과 사회와 국가의 기초가 되도록 노력해야 한다."고 고백하거나, 제7장 교회에서 "그리스도인은 세상의 소금과 빛의 역할을 해야 한다. (중략) 세상의 부패를 막고, 하나님의 공의를 확립하여, 모든 사람들이 하나님으로부터 받은 은총을 향유하도록

---

10 "제5부 대한예수교장로회 신앙고백서", 대한예수교장로회총회 헌법개정위원회 편, 『대한예수교장로회총회 헌법』 (서울: 한국장로교출판사, 2012, 개정1쇄), 137-158.

하"고 "지상의 교회는 성장과 갱신과 악에 대한 투쟁을 계속한다."고 고백하는데 서 확인할 수 있다. 이러한 사명을 감당하기 위해서 "교회는 하나이어야 하므로 교파 간에 연합사업을 적극적으로 추진할 것"이라고 고백하는 한편 불의한 지상 권력에 항거하는 것이 마땅하고 민족과 국가의 통일을 위해서 전력을 다해야 한 다고 고백한데서 에큐메니칼 선교의 이해를 엿볼 수 있다. 따라서 우리는 1986 년에 제정된 [대한예수교장로회 신앙고백서]에 나타난 선교 이해도 복음주의적 에큐메니칼 선교라고 말할 수 있다.

4. 제81회 총회의 [대한예수교장로회 선교신학 지침]과 [우리의 선교신학]

선교 100주년을 기념한 이후 총회 파송 선교사는 기하급수적으로 증가하였다. 총회 세계선교부가 본 교단의 선교를 위한 신학적 지침으로 [대한예수교장로회 선교신학 지침][11](이하 선교신학 지침)과 [우리의 선교신학]을 채택한 제81회 총 회(1996년)에 보고한 바에 따르면 총회 파송 선교사 수는 총 66개국, 232가정, 440명 (1996. 7. 31 현재)이었다. 이러한 세계선교의 성장에 따라서 "선교적 프

---

11 [대한예수교장로회 선교신학 지침]은 총회 세계선교부 홈페이지의 자료실에 "[행정] 총회 선교 신학 자료"라는 제목으로 올려져 있는 "우리의 선교신학.hwp" 파일에 담겨 있다. 선교신학 지 침의 목차는 다음과 같다: 서론, I. 선교개념의 역사: 복음주의와 에큐메니즘, II. 선교의 근원이 시요, 추진자시요, 완성자이신 삼위일체 하나님: 하나님의 선교 (Missio Dei), III. 아들의 파송을 통한 화해와 새 창조: 복음, IV. 성령의 파송을 통한 화해와 새 창조의 실현: 세상으로 파송받은 선교 공동체, V. 협력, 연합 그리고 일치를 추구하는 선교: 선교와 코이노니아, VI. 선교와 문화. http://www.pckwm.org/PDS/OfficeView.asp?TD_Board=638&page=3&ArticleId= 5&ser=&search= (2015. 10. 10)

락시스의 신학적 방향제시와 선교적 프락시스의 신학적 반성 및 숙고의 표준으로 사용하고자 하고, 혼선을 빚고 있는 선교개념을 분명히 밝히며, 선교의 근원과 당위성과 목적을 제시"[12]하기 위해서 제81회 총회에서 선교신학 지침을 채택한 것이다. 선교신학 지침은 총회 세계선교부의 강동수 목사가 위원장이 되어 서정운 목사, 김종렬 목사, 김명룡 목사, 이형기 목사가 초안을 작성하였다. 선교신학 지침을 초안하기 위해서 참고한 문서들은 성서, 에큐메니칼 신조들(사도신경, 니케아-콘스탄티노플 신조, 칼세돈), 세계 복음주의 대회들의 공식문서들, 선교와 전도(CWME)에 관한 에큐메니칼 문서 및 기타 WCC 문서들이었다. 선교신학 지침은 복음주의와 에큐메니즘의 선교개념을 비판적으로 수용하여 복음주의적 에큐메니칼 선교를 본 교단 선교의 기본원리로 설명하고 있다. 선교신학 지침의 복음주의적 에큐메니칼 선교는 (1) 하나님의 선교(missio Dei) 신학에 기초한 선교, (2) 정의, 평화, 생명을 향한 복음의 실천, (3) 성령의 파송을 통한 화해와 새 창조의 실현, (4) 협력, 연합 그리고 일치를 추구하는 선교를 특징으로 한다.

    선교신학 지침은 19세기의 선교가 복음전도를 통하여 믿지 않는 사람들을 회심시키는데 그 초점을 두었다면, 1928년 예루살렘의 국제선교협의회(International Missionary Council, 이하 IMC) 이후 교회의 사회참여를 선교에 포함시키면서, 1952년 빌링겐의 IMC는 하나님의 선교(missio Dei)를 내세웠고, 1968년 웁살라 WCC는 교회의 사회참여를 매우 강조하였다면서 에큐메니칼 진영의 선교이해의 역사적인 전개를 포함하고 있다. 1960년대 후반부터 복음주의 지도자들은 에큐메니칼 선교이해를 비판하기 시작하면서 1966년 베를린 복음전도세계대회, 1974년 로잔 복음주의자들의 국제대회, 1980년 파타야, 1989년 마닐라 대회를 개최하였다고 보았다. 그러나 1989년에 개최된 복음주의의 마닐라 대회와 WCC의 산 안토니오 세계선교와 전도위원회의 대회에 이르면 두 진영

12 [대한예수교장로회 선교신학 지침], 1.

의 선교이해가 상당한 정도까지 수렴되었다. 선교신학 지침은 이러한 선교이해의 수렴현상에 근거해서 "'복음주의 대 에큐메니즘'이라고 하는 이분법을 지향할 것이 아니라 이 두 흐름의 선교개념을 비판적으로 수용하면서, 전 교회(the whole Church)로서 전 복음(the whole Gospel)을 온 세상(the whole World)에 선포해야 할 것"[13]이라고 주장하였다.

제81회 총회(1996)에서 선교신학 지침과 함께 채택한 〔우리의 선교신학〕은 선교신학 지침의 요점을 간략하게 정리하였다. 〔우리의 선교신학〕은 에큐메니칼 협력 선교에 대해서 "선교는 협력적인 사역이다. (중략) 그러므로 하나님의 나라를 함께 상속받을 하나님의 후사(롬 8:17)로서 우리는 주님께서 재림하실 때까지 인종과 문화와 교파를 초월하여 선교하는 일에 하나가 되어 협력해야 하는 것"이 마땅하다고 밝히고 있다. 선교의 주체이신 하나님도 삼위일체로 함께 일하시는 것처럼, 다양성 속에서 일치를 이루는 것이 곧 하나님의 요청에 응답하는 것이라고 본 것이다. 〔우리의 선교신학〕은 "온전한 복음은 인간을 구원하는 전도와 정치와 경제적 정의 실현과 자유와 평화의 구현 및 환경보호나 창조세계의 보전 등을 포함한다."고 규정하여 복음주의적 에큐메니칼 선교의 복음 이해를 명확하게 표현하였다. 선교신학 지침과 〔우리의 선교신학〕은 본 교단의 복음주의적 에큐메니칼 선교 이해에 기초하는 신학적 방향을 표현한 문서라고 할 수 있다.

---

13 〔대한예수교장로회 선교신학 지침〕, 5.

5. 제98회 총회의 [치유와 화해의 생명공동체운동 10년]과 세계 선교 생명망짜기

총회 창립 100주년을 맞는 2012년에 개최된 제97회 총회는 종교개혁 500주년을 앞두고 [치유와 화해의 생명공동체운동 10년]을 전개하기로 결의하였다. 이 치화생 10년 운동은 2002년부터 2012년까지 10년 동안 전개된 "생명살리기운동 10년"을 이어서, 2022년까지 10년 동안 치유하고 화해하게 하시는 예수 그리스도의 복음 이해와 생명이 위협받고 치유와 화해가 요청되는 현실 인식에 기초하여 전개하는 운동이다.[14] 이 치화생 10년 운동도 "치유와 화해의 생명공동체운동의 모범사례와 신학을 아시아와 세계교회와 나누고 세계선교 현장에 적용"하는 일을 12가지 목표의 하나로 설정하였다. 더불어서 구체적인 과제로 치유와 화해를 위한 아시아-태평양 에큐메니칼 교육원 설립, 지구생명공동체를 위한 치유와 화해의 복음사역, 아시아-아프리카-라틴 아메리카 지역 상호 간의 치유와 화해의 복음사역, 전 지구적 지역 상호 간 생명공동체 네트워크 강화 등을 적시하여 선교적 지평을 열고 있다.

총회 세계선교부는 치화생 10년 운동에 기초하여 2014년에 "세계 선교 생명망짜기"를 정책으로 채택하였다. 애초에 세계 선교 생명망짜기는 총회-노회-현지 선교회 간의 네트워크에 국한되어 있었으나, 차차 이해가 깊어지면서 현지의 교회와 에큐메니칼하게 협력하는데에 이르렀다. 세계선교부는 이러한 이해를 도표화하여 다음과 같이 설명하고 있다. 선교 현지의 선교회가 현지동역교회와 선교협의회를 구성하여 상호 협력하는 방안을 제시하고 있다. 이는 이제까지 본 교단의 에큐메니칼 선교 협력이 일부 선교사들만 현지 교회와 협력하는데서 한 걸음

---

14 미출판자료, 대한예수교장로회총회 편, "치유와 화해의 생명공동체운동 10년 기본계획".

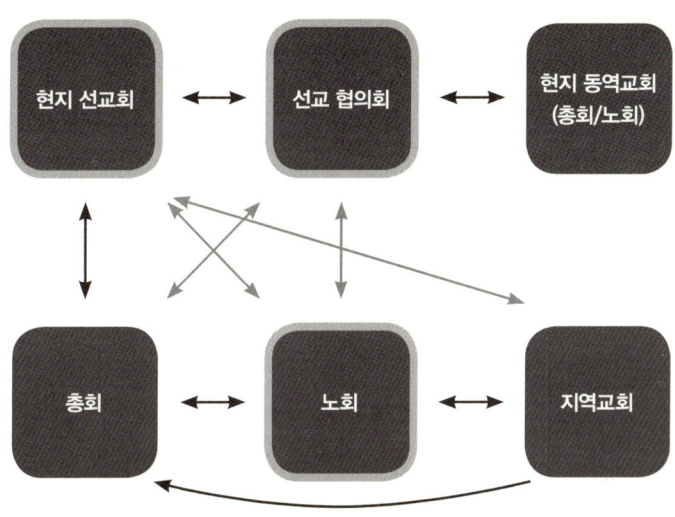

나아가서 모든 선교사들이 현지 동역교회와 협력 선교를 하도록 적극적으로 권장하는 것이다. 만일 세계 선교 생명망짜기가 제대로 구현된다면 향후 본 교단의 세계 선교에 있어서 일대전환을 맞게 될 것이다.

6. 에큐메니칼 선교협력 관계에 있는 교회와 기관을 중심으로 본 에큐메니칼 선교정책

총회는 세계교회협의회(WCC), 세계개혁교회코뮤니언(WCRC), 아시아교회협의회(CCA) 등의 세 개의 공교회협의회의 회원이며, 동시에 세계선교협의회

(CWM), 복음선교연대(EMS), 미션21(Mission 21) 등의 세 공교회가 조직한 선교단체에 가입하고 선교를 위하여 협력하고 있다. 이러한 에큐메니칼 기구를 통해서 현지 선교사들을 지원하거나 선교사들을 통하여 해외 교회와 협력하고 있다. 이를 테면 총회는 WCC의 110개 나라, 349개 교회와 협력하여 선교를 전개할 준비가 되어 있다고 말할 수 있다. 이러한 여섯 개의 에큐메니칼 기구에 속한 교단들은 본 교단의 선교사들이 현지에서 에큐메니칼하게 협력할 수 있는 일차적인 동역교단이라고 할 수 있다. 따라서 본 교단은 글로벌하게 어느 지역에서든 신학적으로 건전하고, 선교적으로 의미있게 동역할 수 있는 교회들을 찾을 수 있는 장점을 갖고 있다.

한편, 총회는 선교사들을 뒷받침하는 한편 해외 교단과 교류하기 위하여 선교협정을 맺고 있다. 2015년 9월에 회집한 제100회 총회에서 영국 연합개혁교회(URC)와 선교협정을 체결하였고, 멕시코장로교회와 선교협정 체결을 위한 의향서를 주고받음에 따라서 현재 본 교단이 교류협정을 체결하였거나 체결할 교단은 모두 39개 교회이다. 이들 교회 명단은 다음과 같다.[15]

---

15 대한예수교장로회 총회 에큐메니칼위원회 편,『세계선교와 에큐메니칼 연대 선교협력 자료집』(서울: 대한예수교장로회 총회, 2008). 동 자료집은 2008년까지 선교협정을 맺은 해외 동역교단과의 협정서를 간단한 해제와 함께 수록하고 있다.

아시아 (15개 교회)	유럽 (8개 교회)	아프리카 (5개 교회)
남인도교회 대만장로교회 인도장로교회 메트로폴리탄마토마교회 미나하사기독교복음교회 인도네시아예수그리스도교회 일본그리스도교회 일본기독교단 일본예수그리스도교회 재일대한기독교회 태국기독교회 필리핀그리스도연합교회 말레이시아복음교회 (사바, 사라왓, 서말레이시아)	네덜란드개혁교회 스위스개혁교회연맹 스코틀랜드교회 웨일즈장로교회 연합개혁교회 (영국) 체코형제복음교회 프랑스연합개혁교회 헝가리개혁교회	가나복음장로교회 가나장로교회 가봉복음교회 동아프리카장로교회 킨샤사장로교회
태평양 지역 (3개 교회)	중남아메리카 (3개 교회)	북아메리카 (5개 교회)
호주연합교회 뉴질랜드장로교회 바누아투장로교회	도미니카공화국복음교회 브라질장로교회 쿠바개혁장로교회	미국장로교회 미국개혁교회 캐나다장로교회 해외한인장로교회 멕시코장로교회

이 39개의 동역교회는 매년 총회 임원 차원에서 교류하며 선교 협력을 전개하고 있어서 본 교단의 선교협력에 일차적인 대상이 된다고 할 수 있다. 그 중에는 미국장로교회, 캐나다장로교회, 호주연합교회, 스코틀랜드교회 등의 전통적인 동역교회들도 있고, 남인도교회나 필리핀그리스도연합교회, 가나복음장로교회 등과 같이 본 교단의 선교에서 새롭게 만난 동역교회들도 있다. 재일대한기독교회와 해외한인장로교회는 본 교단 출신 목회자나 선교사가 현지에서 교단을 설립하거나 교단 설립을 주도한 특수한 사례라고 할 수 있다.

7. 나가는 말

본 교단의 선교의 기본 정책은 애초부터 복음주의적 에큐메니칼 선교였고, 세계 교회와 함께 선교정책을 발전시켜 왔다. 1912년 총회가 창립될 당시에 전개한 산둥성 선교가 이를 모범적으로 보여준다. 해방 이후 1956년에 태국 선교를 시작할 때에도 같은 정책에 기초해서 선교를 시작했고, 한국교회 100주년을 기념하던 1980년대에도 같은 정책에 기초해서 선교를 펼쳤다. 1980년대는 한국교회의 성장과 한국경제의 부흥의 결과로 선교를 활발하게 전개하기 시작했는데, 세계 선교를 활성화하면서 동시에 선교신학과 선교정책도 조직적으로 발전시켰다. 1996년 제81회 총회에서 채택한 [대한예수교장로회 선교신학 지침]과 [우리의 선교신학]이 이러한 복음주의적 에큐메니칼 선교를 이론적으로 잘 정리하였다.

하지만 선교 현장에서 이와 같은 복음주의적 에큐메니칼 선교를 원칙대로 전개하였는지 여부는 진지하게 질문할 필요가 있다. 일부 선교사와 선교 현장에서 원칙대로 전개하여 좋은 결실을 거둔 반면에 상당수의 현장에서는 원칙을 무시한 선교를 행한 것이 사실이다. 총회 세계선교부가 세계 선교의 생명망짜기를 새로운 정책으로 제안한 것에 주목하는 까닭도 거기에 있다. 심지어 선교사를 파송할 때 현지선교회가 현지 동역교회를 대신하여 초청장을 발부할 수 있도록 제도적으로 허용한 것은 반드시 개선해야 한다. 우리 총회와 긴밀하게 협력하는 동역교단이 전세계에 39개나 되고, 우리 총회가 가입한 여섯 개의 에큐메니칼 기구는 전세계 어디든 글로벌 네트워크를 형성하고 있기 때문에 건전한 신학과 바른 선교적 이해를 갖고 협력할 수 있는 동역교단이 없는 나라를 찾기가 도리어 어려울 지경이다. 따라서 선교사를 파송할 때부터 현지의 동역교회로부터 초청장을 받아서 파송하고, 동역교회와 협력하여 선교하는 일은 반드시 준수해야 할 점이다.

2부 에큐메니칼 협력선교의 사례들

체코에서의 에큐메니칼 협력선교[1]

이종실 선교사(체코)

1.

〈에큐메니칼 협력선교 포럼〉에 해외선교사가 초청을 받아 사례를 발표한다는 것은, 그 만큼 우리 교단의 해외선교가 성숙해져 가고 있다는 증거라고 생각합니다. 이런 토론이 지속적으로 발전 될 수 있기를 진심으로 기대하면서, 부족한 사람을 이렇게 초청을 해주신 것을 지면을 빌려 감사드립니다.

우리 교단의 "에큐메니칼 선교"는 세계에큐메니칼 기구나 동역 교단의 부서 책임자, 선교 프로젝트 책임자, 또는 지교회 목회자로, 우리 교단이 회원으로 속해 있는 세계선교기관의 회원 교회의 지교회 목회자로, 또는 봉사기관의 사역자로, 동역교단과의 협력으로 제3국가의 동역교단에서 협력하는 경우 등 다양한 형태가 있습니다. 최근에 선교사들의 각개전투식의 개별적인 선교가 아닌 현

---

[1] 이 글은 2014년 7월 10일 부산장신대에서 부산장신대 부설 세계선교연구소(이사장 허원구, 소장 황홍렬)가 주최한 〈에큐메니칼 협력선교 포럼〉에서 발표된 글이다.

지교회, 세계 에큐메니칼 기구 또는 세계교회선교단체들과의 협력 안에서 이루어지는 해외선교의 형태로써 "에큐메니칼 협력선교"가 우리 교단 안에서 강조되고 있습니다.

오늘 저의 사례보고는 선교동역 교단인 체코형제복음교회 또는 다른 체코 교회들과의 협력의 방법이나 그 결과보다, 현지교회와의 협력선교의 기본적인 운영체계인 제 자신의 선교이해를 중심으로 설명을 드리려고 합니다. 저는 다른 선교단체가 아닌 대한예수교장로회 총회의 파송을 받은 선교사입니다. 제가 인식하고 있는 교단 선교사로의 정체성이 저로 하여금 현지교회와의 선교를 하도록 안내하였습니다.

2

서구 개신교 선교사들이 선교운동 모임으로 1910년 에딘버러에서 국제 선교사 컨퍼런스를 열고 소위 "에큐메니칼 운동" 개념을 발견하게 됩니다. 그때는 "하나님의 선교(Missio Dei, the mission of God)"의 개념이 등장하기 이전입니다. 타문화권에서 기독교 선교로 인하여 발생한 신학적 질문들에 선교사들은 응답을 해야 했었고, 동시에 선교의 목표를 달성하기 위해 선교적 자원들의 효율적 운용에 대한 선교사의 책무를 고민 해야했습니다. 그 대안이 선교사들의 에큐메니칼 연대였습니다. 이것은 선교의 본질에 대한 질문으로 발전하였고, 그리고 "복음주의 선교"와 "에큐메니칼 선교"의 양극화된 선교 개념이 등장하게 되었습니다. 선교신학에서 이 두 개념의 상관관계에 대해 매우 발전적인 논의가 이루어졌습니다.

그러나 우리 교단의 에큐메니칼 운동에 대한 이해는 서구 세계선교의 흐름처럼 해외선교의 경험에서 축적된 것이 아니라, 이미 선교신학의 양극화된 선교개념의 논쟁 속에 있는 피선교지 교회의 입장을 전제로 하고있습니다. 우리교단의 첫 선교신학이자 선교정책인 1982년 제67회 총회에서 "총회선교신학"과 "총회선교정책"을 보면, "총회 선교신학"은 주로 소위 "개인구원"과 "사회구원"의 관계성을 규정하는 내용입니다.[2] 이 문서에 의하면 우리 총회의 선교신학은 개인구원과 사회구원의 순위를 둔, 즉 개인구원의 전도에 우위를 두면서 사회구원을 받아들이는 "통합적 선교신학"입니다.[3] 그리고 "총회의 해외 선교정책"은 서구교회들의 뒤를 이어 "아직도 복음이 침투되지 않은 중공권, 모슬렘권, 힌두권, 불교권의 "제3세계선교"입니다."[4] 이를 위해 해외 선교사 양육, 현지 지도자 교육과 이를 지원할 제3세계선교센터를 건립할 필요를 제시하였습니다. 그리고 실제로 우리 교단의 해외선교는 교회가 존재하지 않는 곳, 하나님의 주권의 역사가 선포되지 않은 곳에서 복음을 전파하는 것으로 이해하고 있습니다.

3

저는 1982년 제67회 총회는 우리 교단의 '에큐메니칼 복음주의 해외선교'를 천명한 대단히 중요한 역사적 총회라고 생각합니다. 이것은 단순한 정치적 결정이 아니라 우리 교단의 교회 역사 속에 흐르는 하나의 흐름의 결실이라고 생각합니

---

2 대한예수교장로회 총회, 『67회 총회회의록』, 53-63.
3 위의 책, 56-57.
4 위의 책, 62-63.

다. "21세기 대한예수교 장로회 신앙고백서"[5]에서도 '하나의 거룩한 보편적인 사도적교회'를 지향하고 있는 본교단의 교회론적 전통이 잘 나타나고 있습니다. 안교성 교수는 이러한 본교단의 정체성은 100년의 역사 속에서 교회의 분열이나 시대적 요청의 도전 앞에서 언제나 교회의 에큐메니즘을 선택하였다고 주장합니다.[6] 우리교단의 해외선교는 에큐메니즘의 교회론과 복음주의의 정체성을 지니고 있기에, 1982년 제67회 총회에서 우리나라에 복음을 전한 미국 연합장로교회와 미국 장로교회 그리고 호주연합교회와 우리교단이 선교사와 피선교지 교회라는 지금까지의 관계를 청산하게됩니다. 그래서 한국에 주재하는 미국 호주 교회들의 선교부를 폐쇄하고 대신에 우리 교단은 총회에 상임위원회인 "세계선교위원회"를 조직하여 미국 호주 교회의 한국선교 업무를 이양받습니다. 이제 우리 교단은 더 이상 피선교지 교회가 아니고 우리에게 복음을 전한 미국 교회, 호주 교회와 동등한 동역관계에 들어가는 역사적 전환이 일어나게 됩니다.[7]

 교회론적인 개념으로 "에큐메니칼 선교"로 그리고 개인구원의 전도에 우선 순위를 두는 "복음주의적인 선교"로 우리 교단의 해외선교 정체성을 정립하는 역사적인 해가 바로 1982년 제67회 총회입니다. 이때부터 우리교단은 해외교회들과의 에큐메니칼 연대와 동역을 담당하는 "세계선교위원회"와 해외선교를 담당하는 전통적인 부서인 전도부의 "국제선교위원회"가 존재하게 되었습니다. 그런데 문제는, 총회 안에서 이 두 위원회가 이러한 우리 교단의 정체성을 공유하지 못한채 각각 해외선교를 실천하는 혼선이 발생하게 됩니다. 이러한 혼선은 선교지와 해외교회와의 관계에 많은 문제를 불러일으켰습니다. 독일 교회와 해외

---

5 대한예수교장로회 총회, 『대한예수교장로회 헌법』, (서울: 한국장로교출판사, 2002년), 173-185.
6 안교성, "에큐메니칼 교회로서의 대한예수교장로회(통합)의 정체성과 증언", 장로회신학대학, 『장신논단』 제40집, 29-30.
7 대한예수교장로회 총회, 『67회 총회 회의록』, 공동성명서, 248, 상호협정서, 249, 협력방법, 249-252, 세계선교위원회 회칙, 253.

선교와 관련된 선교협정을 맺고 그 협정에 따라 선교사를 독일에 파송했는데, 전도부 국제선교위원회는 이러한 교단 간의 협정과 상관없이 독일에 선교사를 파송하여, 세계교회 안에서 중요한 이슈가 되었습니다. 이 사건을 계기로 제75회 총회는 전도부의 국제선교위원회와 총회 세계선교위원회 두 위원회를 통합하여 "세계선교부" 설립을 결의하게 되었습니다.[8] 그런데 2001년에 세계선교부의 세계선교위원회 업무가 세계선교부에서 총회장 사무총장 기획국으로 다시 이관됩니다.[9] 그래서 현재 우리 교단의 해외선교 상태가 세계선교부 설립 이전으로 다시 돌아가 해외교회와의 에큐메니칼 관계를 훼손시키는 문제가 발생했습니다. 이와 유사한 문제가 저의 체코 선교지에서도 최근에 발생하였습니다.

이처럼 교회론적으로 세계교회들과 일치와 연대를 추구하며, 선교는 복음주의적인 토대 위에서 실천하는 우리교단의 해외선교 정체성이 발전적으로 논의되지 못하고 있는 문제는 결국 선교사 파송 기관으로서 총회와 총회 세계선교부의 정체성 혼란에서 비롯되고 있습니다. 우리 교단은 우리에게 생명을 바쳐 복음을 전한 미국 교회, 호주 교회들에게 동등한 선교협력 관계를 요구하였습니다. 그러므로 우리 교단의 해외 선교가 세계 기독교 교회들의 일치와 연합 운동에 동참하는 선교지의 현지교회를 존중하는 것은 신학 문제이기 전에 자기 정체성의 문제이며, 윤리의 문제라고 생각합니다.

각 선교단체는 자신들만의 특수하고, 독특한 사명이 있습니다. 선교사는 모든 일을 다 할 수 없습니다. 서로의 독특한 사명과 자원을 함께 공유하며 하나님의 선교를 완성해 가야할 책무가 있습니다. 저는 "신학적으로 선교는 가능한 모

---

8   이종실, "체코형제복음교회와의 협력선교 사례보고", 〈총회 에큐메니칼 선교포럼 미간행 자료집, 2014), 30-32.
9   총회 홈페이지, 총회의 연혁, http://www.pck.or.kr/PckInfo/History14.asp?Depth=2 (2014.06.26)

든 수단에 의한 복음화였다."[10]는 맥가브란의 언급을, 때로는 인간의 죄성과 한계 때문에 이 책무를 원활하게 수행할 수 없을지라도 하나님의 일꾼들이라면 누구나 자신들이 어떠한 신학적 입장을 견지하든지 혹은 자신들의 독특한 선교적 소명이 무엇이든지 누구나 그 원칙에는 모두 개방성을 지녀야 한다는 의미로 받아들입니다. 이러한 관점에서 우리 교단은 현지교회들과의 연대와 일치의 에큐메니칼 복음주의 선교를 발전시켜서 그 역량을 타 선교단체와 상호 파트너십으로 승화시켜 나갈 필요가 있습니다. 이것은 현지교회의 인적 물적 역사적 사회적 경험을 선교적 자원으로 극대화시키는 길이기 때문입니다.

세계교회들과의 일치와 연대를 지켜온 우리 교단의 교회역사가 한국교회 뿐 아니라 세계교회들의 선교에 기여할 수 있는 소중한 유산임을 우리는 자각해야 하며, 아울러 우리교단의 해외선교정책을 현재와 같은 "교단을 통한(through denomination) 선교"가 아닌 "교단을 넘어서는(beyond denomination) 선교"로의 근본적인 정책수정이 필요합니다. 선교단체를 포함한 모든 선교 기관과의 개방적인 협력 정책을 지향하는 "에큐메니칼 협력선교"의 집중화와 특성화시킨 해외선교정책에 우리 교단은 관심을 가져야 합니다. 하나의 선교기관이 모든 선교를 다 수행할 수 없습니다. 특히 교회(교단)이 선교기관이 될 때 자신들의 인적 물적 자원들을 자신들의 관리와 통제 아래 두려는 유혹이 있습니다. 이것은 선교를 교회에, 아니면 반대로 교회를 선교에 예속시키는 결과를 초래할 위험이 있습니다. 교회는 사람이며, 그 본질상 선교이기 때문에 기구로서의 교회의 선교기관은 간섭이 아닌 협력의 형태를 지속적으로 창의적 창출을 할 수 있는 선교정책을 지향해야 합니다.

---

10 McGavran, *What Is Mission?*, 1983, 17, Daivd Bosch, *Transforming Mission* 607에서 거듭 인용.

4

 선교지에서 선교사의 정체성은 자신의 선교지를 "이해하기(understanding)"를 통해서만 형성이 가능합니다. 이것은 "근본 하나님의 본체시며 하나님과 동등하시되 오히려 자기를 비워 종의 형체를 가지시고 사람과 같이 되신"(빌 2:6-7) 예수 그리스도의 선교의 전형입니다. 선교사가 자신의 사역이 아닌 "하나님의 선교"로써 자신의 사역을 발견하기 위해 예수님처럼 선교지와 동일화를 하는 과정을 피할 수 없을 것입니다. 타문화와 낯선 곳을 이해한다는 것은 낯선 곳에서의 새로운 경험과 정보를 통해 선교사가 이전까지 가지고 있는 자신의 경험을 다시 조정하는 과정을 의미합니다. 반복되는 이 과정을 통해서 선교사는 자신의 가치관의 변화가 일어나고 결국 선교지의 문화와 가치관의 시각을 서서히 갖게 되어 어느덧 자신도 모르게 선교지를 점점 더 깊이 이해하게 됩니다. 이해한다는 것은 모든 것을 다 아는 것이 아니라 나 아닌 타인과 다른 것에 대한 수용력의 성장을 의미합니다. 하나님의 선교의 확장은 선교사의 세상에 대한 본질적 태도와 관련이 있습니다. 이러한 이해의 과정 없이 선교사가 낯선 곳, 타문화 선교지에서 선교의 주체이신 하나님의 선교를 바르게 실천할 수 없을 뿐 아니라, 모든 형태의 선교는 결국 교회의 기관화와 자기 사업화의 위험에 빠지게 될 것입니다.

 바른 선교의 특징은 "자기신학화(self-theologizing)"의 결과를 수반합니다. 복음은 언제나 경계를 넘어갑니다. 초대교회에서 보듯이 복음이 유대지경을 넘어 타문화권 헬라지경으로 넘어갈때 "할례 복음"에서 "이신칭의의 복음"을 발견하게 됩니다. 이것은 다른 말로 타문화 속에서 일하는 선교사가 진실로 바른 선교를 한다면 선교의 규모의 크고 작음과 선교사의 신학적 성향에 따른 사역의 내용을 떠나 "자기신학화"의 과정이 반드시 뒤따른다는 뜻입니다. 이것은 실질적인 선교의 발전이라고 말할 수 있을 것입니다. 그러므로 선교사는 분파적인 교리가 아닌 복음을 전파하기 위해 늘 자신이 죄인의 상태에서 하나님의 은혜로 살아가는 사람임을 발견하려는 "자기와의 싸움"이 필요합니다. 자신의 의에 붙잡히고 기득권을 유지하려고 할 때 하나님의 선교는 장애를 만나게 되는데 이는 곧 선교의 세속화를 의미하기 때문입니다.

5

마지막으로 체코형제복음교회와의 협력선교의 사례에 대해 말씀을 드리려 합니다. 아래의 내용은 『선교와 신학』(2014년 봄호, 제33호)에 게재된 「체코선교경험을 통해 본 유럽복음화와 한국교회의 역할 – PCK 유럽선교 모델 제안」이라는 제 글과 금년 2월에 총회가 주관한 〈에큐메니칼 협력선교 포럼〉에서의 발제를 정리한 것입니다.[11]

체코형제복음교회는 유럽 36개국의 정교회를 포함한 112개 교회(교단) 유럽교회들의 연합기구인 "유럽교회 컨퍼런스(The Conference of European Churches)의 회원교회이면서, 현재 105개 유럽 프로테스탄트 교회(교단)들로 구성된 유럽 프로테스탄트 커뮤니티(Community of Protestant Churches)의 출발이었던 1973년 로이엔베르그 협약(Leuenberg Agreement)을 맺었던 4개의 유럽 전통개혁교회(루터교, 장로교, 왈도파, 체코형제복음교회)들 가운데 하나였습니다. 체코형제복음교회는 서구 종교개혁자 루터와 칼빈보다 100년 이전에

---
11 이종실, "체코형제복음교회와의 협력선교 사례보고", 「총회 에큐메니칼 선교포럼」(미간행 자료집, 2014), 33-34.

시작된 전통 개혁교회이며, 유럽에서 가장 탈기독교현상이 두드러지는 사회에서 소수파들이며 오랜 가톨릭의 박해와 사회주의의 탄압아래에서 패쇄적이지만 교회일치 운동에는 적극적 자세를 지니고 있습니다.

저는 이 교단에서 "전체교회를 위한 설교목사"라는 직책으로, 폐쇄적인 지역교회들을 선교적 교회들로 변화를 추진하는 일에 한국교회의 경험을 함께 나누고 있습니다. 프라하의 한 지역교회에서 이 교회를 다민족 교회로의 전환을 위해 노력하고 있고, 이 일에 한국인 평신도들이 큰 역할을 하고 있습니다. 그리고 교단의 선교와 전도 자문위원회(이 업무는 2014년 6월 부터 저의 동역자 류광현 선교사가 맡고 있습니다)와 에큐메니칼자문위원회 등 두 위원회의 위원으로 일하고 있습니다. 이 모든 지위들은 체코 교단이 후에 저에게 요청한 일들이었습니다.

체코 개혁파들은 1621년 재가톨릭화 이후 현재까지 교회 유지가 지상과제여서 교회의 선교적 과제나 선교학이 발전되지 않아 10여 년 이상 교제를 나누고 있는 현지 지역교회 목회자 또는 신학자들과 함께 초교파적으로 중앙유럽선교 연구센터를 조직 운영하고 있습니다. 선교적 교회로의 변화에 관심 있는 목회자들의 노력이 좌절되지 않고 서로 연대하며 경험을 교류 확산할 수 있도록 선교신학적 지원을 하기 위해 조직된 단체입니다.

연구센터를 중심으로 주로 지역교회들의 선교를 촉진시키고 확산시키는 실천적 과제들을 연구하고 선교신학의 보급과 교육 등의 활동들이 진행되고 있습니다. 연구 활동은 필요하다면 신학자들만이 아닌 일반학문 전문가들과도 협력을 하고 있습니다.

저의 체코교회와의 협력선교의 궁극적 목표는 복음화(Evangelising)입니다. 유럽 후기 기독교 상황에서 복음화를 위해 교회의 사회적 신뢰회복은 피할 수 없는 가장 우선되는 과제이며 동시에 결정적인 선교입니다.[12] 사회주의체제가 붕괴된 1989년 벨벳 혁명이전인 1981년 11월 21차 총회가 채택한 신학자문위원회 연구 문서인 "교회의 선교적 사명(Misijniposlani cirkve)"에서 체코교회의 복음화 전략을 잘 엿볼 수 있습니다. 이 문서가 채택된 시기는 사회주의 체제 아래에서 교회의 집회와 포교의 자유가 제한되는 법(228/1949 sb.)과 교회 재정에 관한 법(218/1949 sb.)이 시행되던 때였습니다. 체코교회가 이 문서를 연구하게 된 계기는 "만민에게 복음을 전하는"(막 16:15) 새로운 섬김에 대한 고민 때문에 시작하였습니다. 그리고 이 문서는 교회 밖의 일에 관심을 두지 않고 교회 내적이고 개인주의적인 신앙이 교회의 본질적인 사명을 협소하게 만드는 문제점에 대한 깊은 회개를 표명하였습니다. 체코형제복음교회의 복음화는 복음과 특별히 사회주의의 반기독교적인 문화 사이에 위치한 교회가 자신의 정체성을 형성하는 교회론에 대한 재고에서 출발하였습니다. 그런데 이 문서는 반기독교 분위기가 지속되어 기독교 인구가 계속 이탈하고 있는 지금의 상황에서도 그대로 유효합니다.

이 문서는 지역교회가 그리스도의 선교적 위임을 진심으로 받아들일 때 교회 생활의 전반적인 변화를 수반하면서 "지역교회들의 선교"는 일어나게 된다고 언급하였습니다. 구체적으로 예배와 교회의 생활을 지적하였습니다. 왜냐하면 이 둘을 중요한 선교적 증언의 실천으로 여겼기 때문입니다. 그래서 교회에 처음 방문한 사람들은 교회를 "알지 못하고 믿지 못하는 사람들"(고전 14:23)이며 그들을 위해 모든 예배는 그들이 알아듣고 이해될 수 있는 관점에서의 변화의 필요성을 언급하였습니다. 이것은 단지 예배의 언어와 문화의 차원이 아니라 모든 교회의 생활이 그들에게 매력적으로 보이는 새로운 삶을 의미하며, 그 목적은 예배

---

12 이종실, "유럽복음화와 한국교회의 역할-PCK 유럽선교 모델제안", 장로회신학대학출판부, 『선교와 신학』 제33집(2014), 115-155쪽을 참고하시오.

와 교회생활이 상호 간의 사랑과 신뢰와 존경과 자유가 충만한 하나님의 축제가 되는 것입니다. 체코교회는 교회의 모든 활동은 "품위 있게" "에큐메니칼적으로" 이루어져야 한다고 강조하고 있습니다.

그래서 저의 체코선교는 이러한 교회의 선교적 과제를 성취할 수 있도록 교단차원에서, 노회차원에서, 지역교회 차원에서, 또는 초교파적인 모임 안에서 한국교회의 경험을 나누는 일, 동역하는 일, 선교적 도전을 하는 일, 목회자 및 평신도를 교육하는 일, 연대와 협력을 조직하는 일, 교회를 개척하는 일, 한국 기독교 이단들의 활동이 지역교회에게 침투되지 못하도록 막는 일 등을 포함하고 있습니다.

태국에서의 에큐메니칼 협력선교[1]

홍경환 선교사(태국)

1. 들어가면서

우리가 나가서 사역하는 수많은 국가들은 이미 선교사를 받아들이고 선교의 역사가 100여 년이 넘는 나라가 대부분이다. 즉 서구 선교사에 의해서 이미 선교의 문들이 열려졌고, 수많은 서구 선교의 실수와 시행착오를 함께 겪었던 장본인들이라는 것이다. 이들에게 있어서 한국인 선교사란 서양 선교사들이 돌아간 자리에 대신 보냄을 받은 선교의 계승자들이다. 현지교회와 교단들은 이미 경험에 의해서 학습된 선교의 노하우를 가지고 있으며 선교의 초보자인 한국 선교사들에게 그들은 선교적 경험을 통한 조언을 서슴없이 하고 있다. 우리는 그러한 현지 교회와 교단의 경험에 기초한 조언들에 귀를 기울여야 한다. 그 중 가장 강력한 요구가 일방적으로 주고 가르치는 식의 군림하는 선교가 아니라 동반자로

---

[1] 이 글은 2014년 7월 10일 부산장신대에서 부산장신대 부설 세계선교연구소(이사장 허윤구, 소장 황홍렬)가 주최한 〈에큐메니컬 협력선교 포럼〉에서 발표된 글이다.

서 협력하자는 것이다.

우리 교단의 1910년대 초기 선교 역사에서도 만주, 일본, 러시아 지역에 선교사를 파송할 때 파송지역의 교회들과 협력하는 것을 기본적인 선교정책으로 삼았고, 1913년 산동지역에 파송된 박태로, 김영훈, 사병순의 세 명의 선교사는 독자적 활동을 하지 않고, 현지 중국교회 노회에 소속되어 노회가 지정해준 지역에 가서 중국인을 위한 사역을 하였다. 1937년에 산동으로 파송된 방지일 선교사 역시 독자적인 선교활동을 하지 않고, 본국 교회와 현지 서양선교단체들 그리고 현지교회와 협력하여 모든 것을 결정하고 실행하는 협력적인 선교를 시행하였다.[2]

1956년 해방 후 첫 타문화권 해외선교사로 태국에 파송되었던 최찬영, 김순일 선교사의 경우도, 독자적인 활동보다는 현지 태국기독교단(Church Christ in Thailand, 이하 CCT)과 긴밀한 협력을 바탕으로 사역하였으며, 김순일 선교사의 경우는 현지 교단의 노회장과 청년부 부장을 역임하는 등 그들과 함께, 그들과 같이 사역한 선교사였다.[3]

이와 같이 초기 한국교회의 선교는 현지의 교단 그리고 교회들과 매우 협력적인 관계 하에서 함께 하는 선교였다. 우리의 초기 타문화권 선교사역은 서양의 타문화권 선교사역과 매우 다른 출발을 가지고 있다. 서양의 세계선교는 정복적인 선교, 식민지주의적 선교, 문화우월적인 선교를 함으로써 씻을 수 없는 선교의 과오를 남겼다면 우리의 선교는 그렇게 시작할 수 없었음이 오히려 감사하다.

그러나 한국교회의 선교는 1980년대 급격한 경제성장과 더불어 오히려 위기를 맞게 된다. 이 시기는 해외선교사역에 있어서 수적으로나 질적으로 매우 급

---

[2] 곽안련, "한국장로교회의 선교사역", 박기호, 『한국교회 선교운동사』, (아시아연구소, 1999), 81-82.
[3] 김순일, 『한국 선교사의 가는 길』, (서울: 성광문화사, 1980), 266-298.

성장하는 시기였지만 그와 더불어 한국의 선교방식은 개교회 위주의 선교시대를 맞이하였고, 한국 내에서의 무한 경쟁을 벌이던 교회들은 해외에서조차 무한 경쟁의 시대를 열었던 것이다.[4] 한국교회의 선교는 더 이상 배고프지도, 무시당하지도 않지만 어느 사이에 과거 서구 선교가 저질렀던 오류를 반복하고 있는 것은 아닌가 하는 의구심을 가지게 한다.[5]

한국일 교수는 이러한 초창기 우리 선교가 가졌던 협력선교의 기조를 방해하는 비협력적 문제에 대하여 "선교신학의 부재로 인한 잘못된 선교관, 개교회주의와 교파주의에 근거한 선교구조, 물량주의, 확장주의와 같은 세속적 가치관의 반영으로 변질된 선교형태, 선교사의 자격과 수준을 갖추지 못하고 충분한 훈련을 받지 못함과 교단 선교부의 선교정책과 전략 부재 및 관리부족으로 인한 중복선교, 무엇보다 어떤 간섭도 받지 않고 개교회가 원하는 방식으로 추구하는 개교회주의 독단주의적 선교"[6]라고 하였다.

우리 한국교회의 세계선교가 그 시작부터 협력선교의 좋은 사례들을 가지고 있음에도 불구하고 그 기조를 중간에 잃고, 무한 경쟁과 중복투자로 한국교회적인 손실을 감수하면서도 선교를 지속해오고 있다. 아니 오히려 선교의 열정이 넘쳐서 그 모든 실패와 가치있는 경험들을 정리하여 반영하지 못하고, 가속에 의해서 멈춰 서지 못하고 질주하는 기관차와 같이 목표를 향해 질주하고 있는 상황에 이르렀다. 우리는 이 시점에서 우리의 선교를 돌아보고, 진지하게 궤도를 수정하고, '더 많은 선교'에서 '더 바른 선교'로 우리의 관심을 전환하여야 할 것이다.

---

4 김활영, "선교 현장에서 협력의 방향과 가능성", 『21세기를 향한 한국선교의 비전』, (서울: IVP, 1996), 71.
5 서정운, "함께하는 선교", 명성교회선교연구위원회편, 『동반자 선교를 통한 21세기 선교방향 모색』, (서울: 명성교회 해외선교부, 2009), 5.
6 한국일, "협력선교에 대한 신학적 근거", 『2010 한국대회 제9분과 선교와 연합 자료집』, (서울: 2010 한국대회조직위원회), 25.

한국교회의 태국선교는 지나온 한국선교를 점검하기에 좋은 현장이다. 우리 한국교회선교의 역사를 돌아보고 우리의 선교를 돌아보기에 매우 중요한 위치에 있다고 하겠다. 우리 한국교회가 지난 100년 전에 처음 선교를 시작하였던 산동반도나 러시아, 중국 등이 있으나 그 지역들은 선교가 여러 가지 이유에서 중단되거나, 협력의 파트너들이 공산주의의 눈을 피해 부재하게 되었다. 이에 비해서 6.25전쟁 이후 최초의 타문화권 선교사들을 보냈던 태국은 현재까지 현지의 교단과 교회들과의 협력적인 사역으로 반세기를 지내온 나라이다.

대한예수교장로회 태국현지선교회(Presbyterian Church of Korea in Thailand, 이하 PCKT)는 1956년 파송된 최찬영, 김순일 선교사들로부터 현재까지 현지교단과의 협력을 바탕으로 하여 사역을 해오고 있다. 중간에 파송의 주체인 교단이 통합과 합동으로 나누어지는 어려움이 있었지만 그 뒤로도 꾸준히 에큐메니칼 협력의 바탕 하에 동반자로서 함께 태국 복음화를 위하여 협력하여 오고 있다.

2. 태국기독교단(CCT)의 역사와 특징 이해

개신교에 의한 태국 개신교 선교역사는 1816년부터 시작된다. 사실 태국인을 대상으로 한 첫 번째 복음전도는 태국 땅이 아닌 버마[7]에서 버마 선교의 연장으로 행해진 것이었다. 버마 선교사 아도니람 저드슨(Adoniram Judson)의 부인 앤 저드슨(Ann Hasseltine Judson)선교사가 처음으로 싸이암(Siam)[8]인들에

---

7 현재의 미얀마.
8 태국의 이전 명칭.

게 복음을 전했는데, 그녀는 1813년부터 사망한 해인 1826년까지 버마에 살면서 랭군에서 싸이암의 전쟁 포로들에게 최초로 전도했던 것으로 알려졌다. 이 전쟁 포로들은 라마 2세의 제위 기간에 있었던 버마와의 전쟁 시 포로가 되어 끌려간 사람들이었다. 또한 1820년대에 들어와서는 런던선교회에서 태국인들을 위한 선교가 거론되기 시작했는데 서구 선교단체들이 싸이암에 관심을 둔 것은 중국선교의 교두보로서의 전략적 가치 때문이었다.[9]

짜크리(Chakri) 왕조의 제 4대왕 몽꿋(Monkut) 왕 때에 태국이 다시 외국에 대하여 개방 정책을 펴자 기독교는 본격적으로 선교를 시작했다. 140년간의 쇄국정책이 풀리던 1820년대에 중국에서 사역하던 칼 구츨라프(Carl F. Gutzlaff)와 야곱 톰린(Jaco Thomlin)이 1928년 최초로 태국에 들어와서 선교 사역을 펼쳤다.[10] 이들은 개신교 선교사로서는 처음으로 1828년 8월 13일 싸이암 왕국의 방콕에 도착하였다. 이들은 방콕에 거주하는 중국인들 사이에서 일하도록 허락을 받았으나 외국인을 보기 위하여 몰려드는 현지인들을 상대로 복음을 전파하였다.

태국기독교단(CCT)은 1828년 서양 선교사의 입국으로 태동하였다. 1831년 이후에는 미국의 장로교회, 침례교회, 회중교회의 선교사들이 입국해서 활동하여, 1934년 7개 노회 9,421명의 교인으로 '싸이암 기독교회'를 조직하였고, 1943년에 '태국기독교회'로 명칭을 변경하였다. 1951년 사도교회가, 1953년에 영국교회가 태국 총회에 가입하였고, 1957년에 미국장로교 선교부는 모든 권한을 총회에게 이양하였다. 2012년 통계에 따르면, 태국기독교단 내에는 전국에 19개 노회에 1,314개교회 181,267명의 교인이 있다. 5개(맥길버리신학교, 방콕신학원, 카렌족신학교, 라후족신학교, 임마누엘신학교)의 신학교육기관과 2개의

---

9 김종명, "태국교회(선교)역사 인식을 토대로한 사역전략 수립의 방향 모색", 10.
10 김순일, 『한국 선교사의 가는 길』, 39.

종합대학교(파얍대학교, 태국기독교대학교), 8개의 병원, 25개의 교육기관, 32개의 외국선교단체에 120명의 선교사가 소속되어 있다. 태국기독교단은 장로교회로 운영되지는 않으나 헌법과 예배양식 그리고 교회들의 전통 속에 장로교회의 흔적이 많이 남아 있다.

1957년 미국 장로교회 선교부의 선교정책에 변화가 있게 됨에 따라 선교사들은 자신의 지위를 동역자로, 현지 사역자들의 동료의 입장이 되어 태국기독교단(CCT)의 권위 아래로 들어가 협력사역을 하게 되었다. 당시를 회상하며 김순일 선교사는 다음과 같이 태국기독교단을 묘사하고 있다.

> 태국교회는 세계 에큐메니칼 운동에 있어서 가장 좋은 본보기가 되고 있다고 생각한다. 물론 남인도 교회와 필리핀 연합교회 같은 경우도 마찬가지지만 태국교회는 이 교회들보다도 더욱 에큐메니칼 정신에 입각하여 이루어졌다고 생각하기 때문이다. 이유는 태국기독교총회(CCT)라는 명칭 하에 일곱 교파와 10여 개의 선교단체들이 통합하여 연합교회를 이루고 있는 것이다. 태국기독교총회(CCT)야말로 교파와 선교단체와 그리고 여러 나라 선교사들을 합한 통합체제인 것이다. 태국 교회가 교파 간의 아무런 갈등도 없이 하나로 뭉쳤다는 것은 아시아 어느 나라에서도 볼 수 없는 특이한 현상이다.[11]

1962년에는 디싸이플 선교부가 태국기독교단(CCT)에 같은 정신으로 합류했으며, 1972년 태국 내에 미국 장로교 사무실과 형제교단 선교부(UCMS)가 사무실을 닫고 태국기독교단(CCT) 산하로 들어옴으로써 태국기독교단(CCT)이 본격적으로 자립적인 지도력을 가지고 성장하게 되었다. 이러한 일들의 결과로 각 부서들의 조정 역할을 위해 총무를 비롯한 여러 임원들을 두었고 1976년

---

11 김순일, 『밀림에 세운 십자가』, 265.

에큐메니칼 부서를 만들었다.

　태국기독교단(CCT)은 자립 정책의 일환으로 선교사들의 수를 줄이고 점차적으로 태국 지도자들로 하여금 사역하도록 했으며, 세계의 교회들과 교제를 나누기 위해 세계교회협의회(WCC)의 회원이 되었고 세계 여러 기구들과 함께 활동을 했는데 아시아교회협의회(CCA), 세계개혁교회연맹의 회원(WARC)이 되었다.[12]

　186년의 역사를 가진 태국의 개신교 중 최대 교단이며, 초교파적인 교단인 태국기독교단의 특징을 살펴보면 다음과 같이 정리해볼 수 있겠다.

　첫째, 태국기독교단(CCT)은 초교파성을 가진 태국연합교단이다.
　둘째, 태국기독교단(CCT)은 연합교단이지만 교단을 형성한 대다수의 교회가 미국장로교회의 선교사역의 결실이었기에 미국장로교회의 전통이 강하게 남아있다.
　셋째, 태국기독교단(CCT)은 한번의 영적대각성운동을 경험하였으며, 자신들만의 순교자의 영성을 가진 교단이다.
　넷째, 태국기독교단(CCT)은 북부의 치앙마이에 근거를 둔 교단이며 전국성을 띤 태국의 대표교단이다. 이 교단은 태국 개신교 중 유일하게 전국 4대 권역에 골고루 1,200여 개의 지역교회와 19개 노회를 구성하고 있는 교단이다.
　다섯째, 태국기독교단(CCT)은 서양 선교사들의 다양한 선교형태를 경험한 교단이다. 그러기에 잘못된 선교와 바른 선교의 기준이 명확하며 선교협력에 대한 많은 노하우를 가진 교단이다.
　여섯째, 태국기독교단(CCT)은 지난 선교역사를 통해서 꾸준히 성장한 교단이다. 다만 그 성장의 총합은 전체인구와 인구증가율에 비해서 미미했다.

12　최승근, "태국에서의 동반자 선교에 관한 연구", 석사학위논문, 장로회신학대학교, 84.

일곱째, 태국기독교단(CCT)은 WCC와 CCA에 가입하여 활동하며 에큐메니칼 신학을 가진 교단이다.

여덟째, 태국기독교단(CCT)은 현지 지도자들에 의해서 완전한 자치를 하는 교단이다.

아홉째, 태국기독교단(CCT)은 조직에 있어서 중앙집권적인 형태를 가지고 있으며, 총회 임원들은 4년 임기의 전문직으로 구성되어 행정권과 예산 집행권을 동시에 가진 강한 지도력을 가지고 있다.

열째, 태국기독교단(CCT)은 연합교단으로 융통성 있는 헌법을 채택한 교단이다. 이 헌법에는 개신교 각 교파별 특징을 가진 부분들을 폭넓게 제시하면서 지역교회가 자신들의 개신교 전통에 맞게 선택하여 적용할 수 있도록 하고 있다.

열한 번째, 태국기독교단(CCT)은 교육 및 의료사역에 강한 장점을 가지고 있고 반면에 교회개척과 세계선교에는 미흡한 특색을 가지고 있다.

열두 번째, 태국기독교단(CCT)은 서양 선교사들이 전해준 선교적 유산을 비교적 잘 지켜온 인도차이나의 대표적 교단이다. 이 교단은 인도차이나 5개국의 개신교 교단들과 협력관계를 가지고 있으며 대표교단으로서의 지도력을 가지고 있다.

우리는 위와같은 태국기독교단(CCT)의 특징들을 잘 인식하고 우리의 동반자에 대한 장단점을 잘 파악하여 이들과 동등하면서도 효과적인 협력을 이룰 수 있는 선교전략을 개발하고 실천하는데 노력해야 할 것이다.

3. 양 교단의 협력선교 역사

1) 양 교단 협력선교의 개척기 : 1956년-1962년

태국기독교단(CCT)과 총회 태국현지선교회(PCKT)와의 동반자 사역의 역사는 1955년으로 거슬러 올라간다. 당시 한국의 상황은 6.25전쟁 이후 전쟁의 어두운 그림자가 아직도 가시지 않은 때였다. 태국은 당시 유엔군의 일원으로 한국전쟁에 참여했으며, 수많은 태국 젊은이들이 이 땅을 지키기 위해서 목숨을 바친 나라였다. 당시 태국은 한국을 잘 알고 있었다. 전쟁의 상처로 아무것도 남아있지 않은 빈곤의 나라, 거지와 고아들이 너무 많은 어려운 나라라는 것을 그들은 전쟁터에서 온 생생한 소식과 귀국하는 병사들을 통해서 너무나도 자세하게 알고 있었다.

그런 한국이 태국에 해방 후 최초로 두 가정의 선교사를 파송하게 된다. 이는 1955년에 있었던 방콕의 아시아교회협의회의 창립을 위한 모임에 한경직 목사가 참여하여 태국 교단을 만난 자리에서 태국 교단의 선교사 요청을 받음으로 이루어진 일이었다. 이것이 최초의 두 교단 간의 선교협력이었다. 당시에 태국에는 이미 수많은 서양선교사들이 있었으나 태국교회는 주관하고 가르치는 선교사가 아니라 '형제적 관계의 선교사'를 요청한 것이고, 당시의 한국 선교사들을 초청하는 태국교단의 초청장에도 '선교사역의 동역자(Fraternal Worker)'라는 명칭으로 표현되어 있었다고 한다. 교단 간의 협력에 의한 동반자로서 선교에 초청을 받았던 것이다.

두 선교사는 방콕에서 언어 공부를 마치고, 최찬영 선교사 가정은 방콕에서, 김순일 선교사 가정은 북부지역인 치앙라이에서 사역을 시작하게 된다. 이들의 증언에 따르면 초기에는 현지인과 현지 지도자들이 이들을 무시하고 멸시했으나 이들이 열정적인 한국인 특유의 신앙을 보이고 뛰어난 언어습득 능력을 보여준 후에는 형제 교단의 지도자로서, 같은 동양인이지만 목사요 선교사로서 대했다고 한다. 더욱이 현지교단과 현지 서양 선교부들이 행정적, 재정적으로 협력해주어 선교지 배치와 선교사역의 기초를 마련하게 되었다고 기록하고 있다. 이는 매우 의미 있는 선교적 일보이며, 동반자 선교가 줄 수 있는 다양한 유익을 이해하지 못하고, 선교적으로 잘 준비되지 못했던 한국 선교사들에게는 축복된 일이었다.

그러나 초기의 좋은 출발에도 불구하고, 이 두 선교사를 파송한 한국 장로교 총회가 분열을 하게 되고, 이에 따라 최찬영 선교사는 통합측 교단에, 김순일 선교사는 합동측 교단에 남게 됨으로 교회분열로 인한 선교 혼란의 아픔을 맛보게 된다. 최찬영 선교사는 현지교단에서 사역하다가 태국성서공회의 총무로 발탁되면서 태국기독교단(CCT)을 떠나 새로운 사역을 하게 되었고, 김순일 선교사는 조동진 목사가 창립한 국제협력기구(KIM: Korea International Mission) 선교사의 신분으로 다시 태국기독교단(CCT) 내에서 선교사역을 하게 된다.[13] 그리고 그 후 오랜 기간 동안 태국기독교단(CCT)과 본 교단과의 선교는 연속되지 못하고 접촉점을 상실하게 되었다.

2) 양 교단 협력선교의 재개기 : 1986년-1995년

1985년이 되어서야 양 교단의 교류를 재개할 신호가 있었다. 당시 본 교단의 에큐메니칼 부장을 맡고 있던 김동익 목사와 태국기독교단(CCT)의 총무를 맡고 있던 분랏 보이엔(Boonratna Boayen) 목사가 무너진 30년을 다시 회복하는 교

---

13 조준형, "동반자 선교를 통한 태국선교", 『동반자 선교를 통한 21세기 선교방향 모색』, (서울: 명성교회 선교연구위원회, 2009), 67.

단 간의 협약을 각 총회에 제안함으로, 본 교단과 태국기독교단(CCT) 간의 선교협력은 다시 재개할 기회를 얻게 되었다.

1986년 9월에는 본 교단에서, 동년 10월에는 태국기독교단 총회에서 양 교단의 대표가 선교협정서를 조인함으로써 동반자로서 협력선교의 길이 다시 열렸다. 이 협정은 태국기독교단(CCT)이 함께 사역하는 한국 교회들과 가진 최초이며 유일한 교단 대 교단의 선교협약이었다.

본 교단은 이러한 선교협정과 동시에 선교사를 준비하여 1986년 총회 시에 조준형 이명화 선교사에게 파송장을 수여하였고, 양 교단의 협정이 완료된 후인 1987년 6월에 두 선교사를 태국으로 파송하였다. 이 후 10년간 조준형 선교사는 유일한 교단 파송 선교사로서 태국 내에서 교단을 대표했으며, 양 교단이 정한 범위 내에서 충실하게 선교사역을 감당하였다. 조준형 선교사의 모든 사역은 철저히 양 교단 간의 상호 의견개진과 협력 속에서 이루어졌으며, 선교사의 파송과 활동, 안식년과 귀국 등 모든 일정이 양 교단과의 선교적인 대화를 통해서 결정되고 상호 협력이 되었다. 이 10년의 선교협력은 양 교단의 신뢰를 더욱 강하게 만들어 주었고, 이러한 관계 증진을 통해서 협력선교는 더욱 강한 기초를 마련하였다고 본다. 이러한 에큐메니칼 협력선교, 당시 많은 한국 선교사들과 한인 선교단체들이 태국에 입국하여 사역을 활발히 하였지만 신뢰의 기초를 쌓기보다는 서로 경쟁적으로 자신의 선교, 선교단체의 선교에 치중하였던 것과는 매우 대조적이었다.

3) 양 교단 협력선교의 기초기 : 1996년-1998년

선교협정을 맺은 10년 뒤인 1996년 5월에 양 교단은 선교협력 10주년을 기념하여 제1차 선교협의회(Mission Consultation)를 개최하게 된다. 이는 선교협정문에도 기록한 대로 정기적인 만남과 의견을 나누자는 사항을 실천하고자 한 것이다. 이 선교협의회에서 지나온 선교협력의 주요사역 보고와 미래를 향한 선교협력 방안을 제시하게 되었다.

양 교단 선교협력 10년을 맞이하여 가진 제1차 선교협의회를 성공적으로 마치고 새로운 시대에 부합하는 선교사역을 감당하기 위하여 1997년 9월 우리 총회 석상에서 양 교단 총회장이 개정 선교협약서에 서명함으로 좀 더 확고하고 폭넓은 사역의 길을 열어 놓게 되었다.

이 개정된 선교협약서에는 다음과 같은 몇 가지 중요한 내용이 담겨있다. 첫째, 교회 성장을 위한 경험을 나눈다. 둘째, 상호 방문과 선교협의를 통해 협력을 강화하고 더 깊은 신학적인 관계성을 확립한다. 셋째, 선교와 인적자원의 교류를 통해 협력한다. 넷째, 복음의 증거가 될 수 있는 교회로 성장하도록 도와 교회성장을 강화한다. 다섯째, 선교를 위한 협력을 보다 다양화하며 증진한다.[14]

이러한 일련의 과정은 2년이 넘는 길고 힘든 협의와 협력의 결실이었다. 당시 1990년대의 태국에서 일반적인 선교사의 경우는, 선교 재정이 확보되고 사역의 의지가 있는 상황에서 소속된 선교단체의 결의가 있다면 현지의 어떠한 의견도 무시하고 바로 건축하고 사역하는 것이 다반사였다. 이러한 일이 일반적인 상황임을 고려해 볼 때, 람푼센터를 준비하는 한국 총회세계선교부와 새문안교회의 기다림과 협의를 통한 일의 진행은 매우 특이한 현상이었다. 그러나 이것은 선교협력을 기반으로 한 협력선교의 자세를 끝까지 견지하면서 사역하기를 원했던 해당 선교사와 후원교회, 한국 총회세계선교부의 선교협력의 의지를 확인케 해주는 매우 중요한 사항이라고 본다.

---

14 "Partenrship in Mission: An Agreement between the Presbyterian Church of Korea and the Church of Christ in Thailand" on October 26, 1986. 『예수교장로회 태국현지선교회 자료집』 (태국: PCKT, 2008), 10.

4) 양 교단 협력선교의 발전기 : 1999년-2007년

1999년 이후 교단 선교사들이 입국하여 총회 태국현지선교회(PCKT)를 조직하여 사역을 시작하게 되었다. 1999년에 세 가정이 태국기독교단(CCT)과의 협의를 통해서 선교사로 초청을 받아 입국하였다. 김형석 선교사 가정은 남부지역 푸껫으로, 최승근 선교사는 중부지역 방콕으로, 김장원 선교사는 북부지역 치앙라이로 각각 흩어져 사역을 시작하게 됨으로 비로소 선교사 한 가정의 사역체제에서 총회 태국현지선교회(PCKT)를 형성하여 팀으로 협력하여 선교하는 시기를 맞이하게 된다. 남부 지역 김형석 선교사 가정이 안식년과 동시에 선교사를 사임함으로 그 자리에 2002년 홍경환 선교사를 초청하여 남부의 사역을 맡아 사역하도록 하였다.

이후 계속적으로 선교사들이 입국하여 사역하였는데 태국기독교단(CCT)의 요청에 따라 선교사들을 초청하는 방식이었다. 치앙마이의 프린스 로얄컬리지의 요청을 받아 2003년에는 김은빈 선교사 가정이, 치앙마이 파얍대 맥길버리 신학교의 요청을 받아 2004년에는 염신승 선교사 가정이, 같은 해 라후족 신학교 사역을 위하여 최인봉 선교사 가정과 람푼센터를 위해 박철범 선교사 가정이 각각 선교지에 부임하였다.

2000년대에 들어서면서부터 현장의 다양한 요청에 부응하기 위해 여러 가정의 선교사들을 초청하게 되었으며, 이들 모두는 선교 현장의 요청이 이미 있었던 상황이기에 준비된 이후에는 자신의 사역지로 바로 들어가 사역을 시작하였다. 더욱이 사역에 대한 중복투자의 문제나 사역지의 중첩 등으로 인한 갈등 등이 전혀 발생하지 않았다.

이 당시 선교사들의 초청과 사역은 개별적으로 초청하거나 입국하여 이루어진 것이 아니었다. 주로 현지교단의 필요에 의한 요청을 현지선교회가 접수하여 한국 총회와 교회들에 알리고 합당한 후보자가 지원을 할 경우, 현지 방문과 인터뷰를 통해 초청하여 함께 사역하였다.

2005년에는 허춘중 선교사 가정이 입국하였다. 허춘중 선교사는 아시아기독교협의회(CCA) 소속으로 에큐메니칼 선교사역을 위해 태국에 입국하여 북부 치앙마이에서 사역을 시작하였고 인도차이나 5개 국가를 대상으로 하는 사역이었지만 총회 태국현지선교회(PCKT)에 합류하여 함께 동역하게 되었다. 2006년 초에는 남부지역의 홍경환 선교사 가정이 쓰나미 재해 이후 팡아(Phang-Nga)로 선교지를 옮김에 따라서 푸켓(Phuket)의 한인교회 사역을 위해 이봉우 선교사 가정이 초청되어 입국하였다. 2007년에는 조여익 선교사 가정이 입국하여 어린이 사역에 헌신하게 되었고, 유한진 선교사 가정은 북동부 우돈타니 지역에서 현지교회 개척사역을 시작하였다.

이 시기에 총회 태국현지선교회(PCKT)는 현지교단의 요청과 현지선교회의 사역이 확장됨에 따라 많은 신임선교사들이 입국하여 합류하게 되었고 이로 말미암아 단독 가정사역의 체제에서 총회 태국현지선교회(PCKT) 중심의 협력사역으로 변화를 가졌다. 선교 사역지 면에서도 북부지역 한 지역에 국한되었던 사역이 전국으로 확대되어 전국 주요 4개 지역권에 선교의 기초를 마련하게 되었다. 더욱이 2006년 교단태국선교 50주년을 맞이하여 양교단의 실무자들과 현지 교단, 노회 임원들, 선교사들이 함께 지나간 선교 50년을 돌아보고 앞으로 달려갈 50년에 대한 양 교단의 협력 내용과 방향에 대해서 협의할 수 있었다.

5) 양 교단 협력선교의 확장기 : 2008년-현재

2008년부터 양 교단의 동반자 선교는 보다 활발하게 이루어지면서 더욱 확장 발전하게 되었다. 2009년에는 태국기독교단의 임원들과 중앙위원들이 한국 총회를 방문하여 양 교단의 우위와 협력을 강화하기 위한 노력을 하였다. 태국기독교단(CCT)은 이 모임을 통하여 지난 기간 동안의 바람직한 동역관계와 선교협력에 감사를 표했으며, 한국 내 태국 이주노동자선교를 위해서 태국기독교단(CCT)에서 파송할 태국선교사를 초청하여 사역할 수 있게 도와줄 것을 우리 총회에 요청하기도 하였다. 또한 이 자리에서 태국현지선교회(PCKT)는 본 교단 선교사들의 태국 선교를 위한 성격과 정책을 제시하였는데 다음과 같다.

첫째, 복음주의 에큐메니칼 신학에 입각한 세계교회의 연합, 일치, 협력적 선교관(Evangelical Ecumenism).

둘째, 전인적인 선교방법(Holistic Mission).

셋째, 현지 교회와의 선교 협력자로서의 사역(Mission Partnership): 현지인을 앞세우는 사역으로 선교사는 배후에서 협력 및 지원의 역할을 감당한다.

넷째, 현지인이 스스로 사역을 감당하도록(자립)하고, 선교사는 현지 지도자를 세운다.

다섯째, 현지 교단의 노회, 기관, 총회와 사역을 상의하여 선교사를 초청하고, 선교사는 노회와 기관에 속하여 협력자로서 사역한다.

여섯째, 선교사 초청 시 태국 총회, 노회, 기관들과 긴밀한 협력 하에 현지 교회가 초청하게 한다(소극적인 면). 선교사역 중에 필요한 사역이 있을 시는 현지 총회와 노회와 상의하여 초청하도록 한다(적극적인 면).

일곱째, 각 선교사가 맡겨진 사역을 감당하고, 교단 선교사들 간에 통일성과 협력을 한다. 나아가 태국교단과 우리 교단이 합의하여 각 사역을 평가한 후 미래의 사역을 정한다.

여덟째, 태국 각 지역의 문화와 교회의 필요에 따른 특성을 살리는 사역 및 선교사역을 한다.

아홉째, 동남아 선교를 위하여 태국 교단과 협력한다.
열째, 태국 교단으로 하여금 해외선교에 관심을 갖고 선교사를 파송하도록 협력한다.[15]

이는 선교협력의 초기부터 일관되게 지켜온 동반자 선교의 협력의지를 정리하여 발표한 내용이다. 우리는 태국기독교단(CCT)을 우리의 진정한 동반자로 보고, 이들의 요청에 협력할 뿐 아니라, 동등한 파트너로서 이들과 상의하고 이들에게 속해서 사역할 것을 천명하였고, 나아가 동남아와 세계선교사에 함께 참여할 기회를 만들고 지도자를 세워 세계선교의 동반자가 되기를 기대하고 있다.
2008년에는 이호연 선교사 가정이 남부 지역 쓰나미 재해 현장에 세워진 방무앙 교회 사역을 위해 입국하였고, 2009년에는 임재숙 선교사가 남부의 팡아 고아원 선교사역에 협력하기 위해서 입국하였으며, 같은 날 김상석 선교사 가정이 중부지역 16노회의 요청에 따라서 카렌족 신학교 사역을 위해서 입국하였다. 2008년 김경수 선교사 가정은 태국기독교단(CCT)의 요청으로 남부지역 개척지인 라농지역 사역을 위해서 입국하였다. 2010년 태국 파야오지역 노회의 요청에 따라 박일남 선교사 가정을 초청하여 입국하였고 몇 년간 독자적으로 입국하여 한인교회 사역을 해왔던 황치현 선교사 가정이 정식으로 총회파송을 받아 총회 태국현지선교회(PCKT)에 합류하게 되었다. 이 외에도 2010년 신주용 선교사 가정이 치앙라이 메쑤어이 선교센터에서 김장원 선교사와 협력하기 위해서 초청되었고, 치앙마이 메코믹병원 원목 사역을 위하여 2012년 강미옥 선교사가, 남부지역 수랏타니 지역 대학사역을 위해 2013년 김연준 선교사 가정이 각각 입국하였다.
잇따른 선교사들의 입국과 동역으로 인해서 총회 태국현지선교회(PCKT)

---

15 태국현지선교회, 『총회태국현지선교회 소개책자』, 6.

는 4개 권역에 25가정으로 급성장을 하게 되었고, 선배 선교사 그룹과 신임 선교사 그룹 사이의 조화와 협력이 그 어느 때보다도 중요한 시점을 맞이하게 되었다.

태국의 한인 선교사들은 매년 급증하고 있고 태국기독교단(CCT) 내에 또 다른 많은 선교단체와 교단들이 들어와 사역을 하고 있지만 총회 태국현지선교회(PCKT)처럼 선교협의회를 통한 협력관계를 가진 경우는 없다. 그러므로 양 교단 간의 선교협력은 하나님 나라를 이 땅에 이루어가는 교회 차원의 선교협력일 뿐 아니라 동남아 협력선교의 좋은 본이라 믿는다. 지난 반세기의 선교협력이 미래의 선교협력의 기초가 되며 세계 속에서 선교 지향적인 건전한 교회로 함께 성장할 수 있는 관계로 발전해 가는 선교협력이 되도록 더욱 노력해 나가야 할 것이다.

4. 협력선교의 장단점

양 교단의 제2차 선교협정서에서 양 교단이 협력하여 주변국가와 세계 선교에 힘쓰자는 조항이 있다. 이것은 우리 모두가 세계선교에 참여하는데 있어서 매우 중요한 의의가 있다. 실제로 태국기독교단(CCT)은 타문화권 선교의 경험은 많지 않지만, 태국이 이미 다문화 다인종 사회를 이룬지가 오래되었기 때문에 다문화와 다인종에 대한 감각은 한국선교사들보다 낫다는 장점이 있다. 그리고 인도차이나의 인접국가와의 관계에서 볼 때, 태국은 지도력을 가진 주도국으로서의 위치가 확고하다. 이런 이유로 인해서 인도차이나에서 서양선교사들이나 한인선교사들은 활동의 제약을 받는 상황이지만 태국인들은 자유롭고 원만하게 인접국가와의 관계와 협력을 할 수 있는 잠재력을 이미 갖추고 있다. 이점은 인도차이나 반도의 사회주의 국가들과 소승불교국가들을 선교하는 데 있어서 매우 큰 장점이 된다.

총회 태국현지선교회(PCKT)는 실제로 태국기독교단(CCT)의 해외 협력 체제를 이용하여 라오스 복음주의 교단과의 협력사역을 10여 년 동안 지속할 수 있었다. 총회 태국현지선교회(PCKT)는 1999년부터 태국기독교단(CCT)과 라오스 복음주의 교단 사이에 오래전부터 형제교단으로 상호 인준되어 있는 것을 착안하여, 태국기독교단(CCT)의 일원으로 태국임원들과 함께 라오스에 가서 공식적인 활동을 할 수 있었다. 10년 전만 해도 라오스는 매우 폐쇄적인 사회주의 체제를 유지하고 있었기 때문에, 라오스에 있는 선교사들은 선교사로서의 신분을 감추고 지하에서 활동할 수밖에 없는 상황이었다. 태국 현지선교회는 이 당시에 한국교회 선교사로서가 아니라 태국교회 일원으로 라오스를 방문하여 교단 대 교단의 직접적인 사역을 펼 수 있었고, 라오스 교회의 임원과 지도자들, 정부 관계자들을 자유로이 태국으로 초청하여 태국의 농업기술과 산업시찰을 함께하고 교회, 기독교 학교, 사회복지 기관 등을 함께 견학하면서 복음을 증거하고 교회가 사회에서 하는 좋은 사역의 실례들을 소개하는 기회를 지속적으로 가질 수 있었다. 당시만 해도 한인선교사가 이런 직접적인 접촉과 사역을 라오스에서 한다는 것은 매우 위험한 일이었고, 추방될 수 있는 사안이었다. 그렇지만 태국 교단과 라오스 교단의 오랜 형제관계를 라오스 정부도 인정할 수밖에 없는 상황이었기 때문에 가능한 일이었다.

앞으로 양 교단의 인도차이나의 복음화와 세계선교를 위한 협력들이 지금보다는 더 심화될 것으로 전망된다. 2009년 12월에 태국기독교단(CCT) 총무인 싸이암 목사가 본 선교사회의 정기모임에 방문하여 세계선교에 대한 관심을 나타내며 태국현지인을 위한 선교사훈련원을 설립하기 위해 본 선교사회가 협력해 줄 것을 제안한 것은 고무적인 변화라고 할 수 있다. 아무쪼록 조속한 시일 내에 선교사 지원자들을 위한 선교훈련원이 설립되고 선교사들이 양성되어 태국선교사들과 함께 인도차이나 선교와 세계선교에 동참하게 되는 날이 오기를 기대한다.

1987년에 파송되어 지금까지 27년간 사역하고 있는 조준형 선교사는 태국기독교단(CCT)과의 동반자 협력선교의 장단점을 다음과 같이 말하고 있다.

장점으로는 첫째, 안전하다. 둘째, 즉흥적인 사역이거나 개인적인 사역이 아닌 지속적으로 공동으로 책임을 지는 사역이 가능하다. 셋째, 선교사 개인의 단발적인 사역으로 끝나지 않고 현지인 사역으로 전환된다. 넷째, 총회태국현지선교회(PCKT) 선교사들의 연합으로 공동의 책임을 갖는다.[16]

그러나 이러한 협력선교의 단점들로는 첫째, 사역이 정해져서 입국함으로 사역이 분명하여 좋긴 하지만 후원교회나 자신이 그 사역에 맞지 않는 경우가 있고 또한 와서 보니 그것보다는 다른 사역을 하고 싶어지는 경우도 있다. 그 경우 갈등이 발생한다. 둘째, 선교사가 그 사역에 만족하지 못하고 더 많은 사역을 하고 싶어 한다. 셋째, 선교사가 주도적으로 혹은 개인적인 사역을 하고 싶은데 현지인 위원들이 있어 시간, 인적, 재정적인 소비와 지출이 많아진다.[17]

그는 이와 함께 종합적으로 생각할 때, 단점보다는 장점이 더 많으며 선교사역이 확장됨에 따라 양 교단 간의 협력이 증가되고, 서로 믿고 신뢰도가 깊어지는 것을 경험하였다고 한다. 더욱이 한 사역에 있어서 한 개인 선교사가 사역하다 끝나는 사역이 아니라 교단 선교사들이 공동적으로 역할을 감당하고 보완할 수 있는 장점이 있다고 하였다.[18] 이는 태국의 에큐메니칼 협력선교에서 드러나는 매우 중요한 장단점을 잘 요약하고 있다.

선교사가 선교지 부임 후 사역의 초기에 관계 형성에 치중함으로 선교사역

---

16 조준형, "동반자 선교를 통한 태국선교", 72.
17 같은 곳.
18 같은 곳.

의 진보가 더디게 보일 수가 있다. 이는 선교사와 한국의 후원교회와 갈등을 일으킬 소지가 많다. 한국교회들은 선교사역의 결실을 속히 보길 원하는 조급한 마음이 많은데 현장에서는 협력선교를 위한 협의와 관계 형성에 치중하다보면 사역의 진행이 다소 늦어지기 때문이다. 그렇지만 관계가 지속되면 신뢰도가 생기고 폭넓은 협력관계가 형성되어 적은 노력과 재정을 드리고도 큰 사역을 감당할 수 있는 길이 많이 열리며, 후반기로 갈수록 선교에 가속도가 붙는 특징이 있다. 이와 같은 협력선교의 특성에 대한 현지교단, 선교사, 후원교회 간의 전반적인 과정에 대한 이해가 필요하다.

총회 태국현지선교회(PCKT)는 선교사회 내적으로, 그리고 외적으로는 전체 태국한인선교사들과 단체들, 그리고 현지교단과 교회들과 유기적인 협력 체제를 가지려고 노력하고 있다. 아직 구체적인 결실들은 미비할지 모르나 지속적인 협력을 통해서 반드시 좋은 열매들이 풍성하게 맺힐 것을 의심치 않는다. 물론 다양한 사역이 진행되고, 총회 태국현지선교회(PCKT) 구성원의 절반 이상이 신임선교사이기에 시간도 필요하고 여러 가지 어려움도 있겠지만, 지금 현재보다는 미래가 기대되는 선교회이며, 그 바탕은 에큐메니칼 협력선교라는 것은 의심할 여지가 없다. 더욱 다양한 사역들과 협력을 통해서 총회 태국현지선교회(PCKT)가 앞으로 협력선교에 대한 좋은 협력의 모범들을 더 많이 만들어 가게 되기를 기대한다.

5. 나가면서

현재 우리 태국 선교사들은 태국기독교단(CCT)의 각 노회에 배치되어 노회원들과 함께 상의하며 선교사역을 진행하고 있다. 총회 태국현지선교회(PCKT)에 소속된 선교사들은 선교현장인 태국에서 본 교단 총회세계선교부에 속해 있지만 동시에 현지노회에 속해서 노회원으로서 함께 활동하고 있는 것이다. 노회원으로서 활동한다는 의미는 매우 실제적인 것이다. 본 선교사회 회원들의 선교사역과정을 보면 항상 노회와 총회의 허락을 받아야 사역이 진행된다. 때로는 현지노회의 반대로 사역들이 수년간 보류되기도 하고, 또 때로는 현지노회와 총회의 협력으로 수억 원의 재정적인 지원과 시간 절약 등 큰 도움을 얻기도 한다. 선교사와 후원교회가 사역을 계획하고 재정을 후원한다고 해서 마음대로 사역을 할 수 있다는 것이 아니다. 사역이 시작되고서도 현지교단 총회와 노회의 임원들이 포함된 운영위원회를 구성하고 그 운영위원회의 지도를 받아가면서 사역을 진행하여야 한다.

현지노회에 속해서 사역한다는 말은 모든 것을 함께 상의하고 현지노회의 지도를 받아가면서 사역해야 함을 의미하는 것이다. 선교지의 재산도 현지교단 산하의 총회유지재단에 등록을 한다. 이런 상황 속에서는 일방통행은 생각할 수도 없으며, 때로는 이러한 과정을 통하여 선교하는 것이 매우 힘들고 어렵다는 것을 경험하게 된다. 그렇지만 이러한 과정을 통해서 세워진 선교지의 사역들은 그 기초가 매우 든든하여 쉽게 무너지거나 소실되지 않고 지속되는 장점을 가지고 있다.

1956년부터 시작된 한국교회의 태국선교가 벌써 58주년을 맞이했다. 선교는 실제적으로 긴 시간의 여정이다. 그런 가운데 총회 태국현지선교회(PCKT)가 태국에서 현지선교회 체제로 조직된 것은 이제 겨우 15년이 되었다. 아직은 매우 젊은 현지선교회이다. 더욱이 최근에 신임선교사들이 많이 입국해 동역하게 되었다. 아마도 인내와 끈기의 자세는 이런 어린 현지선교사회에 매우 필요한 자세가 될 것으로 보인다. 태국은 이미 서양선교사들에 의해서 인내와 끈기가 가장 중요한 선교의 덕목 중의 하나로 증명된 나라이기 때문이다. 그런 가운데 총회 태국현지선교회(PCKT)가 지속적인 협력선교 사역을 실현하기 위해서 '태국선교를 위한 에큐메니칼 협력선교의 원칙'을 정했다는 것은 매우 의미 있는 일이라고 생각된다. 바른 원칙이 세워지고 그 원칙을 따라 선교가 진행된다면 책임감 있는 사역이 가능하기 때문이다. 그 원칙들로서 에큐메니칼한 연합과 일치에 대한 추구를 지향하고 복음주의적인 열정으로 태국복음화를 위해서 헌신하여야 할 것이다. 그동안 우리는 태국기독교단(CCT)과의 협력선교를 하자는 기본자세를 갖고 선교사들 간의 사역적인 통일성과 협력을 지향하며 태국 각 지역의 문화와 교회의 필요에 따른 특성에 맞추어 사역하자고 하였다. 태국기독교단(CCT)과 함께 태국 복음화를 넘어서 동남아선교에 함께 참여하고자 하는 비전도 나누었다. 앞으로 계속해서 함께 발전해 나가는 양 교단의 선교가 되기를 기대해본다.

필리핀에서의 에큐메니칼 협력선교

한경균 선교사
(전 필리핀그리스도연합교회 선교동역자, 현 뉴질랜드장로교회 아시아사역 총무)

1. 들어가는 말

필리핀은 지리적으로 한국에서 가까운 곳이다. 2012년 이후 필리핀을 방문하는 한국관광객이 매년 100만 명이 넘고 있다. 이중에는 방학기간 동안 필리핀을 방문하는 단기선교 혹은 비전트립 팀이 상당수 포함되어 있다. 가깝고 저렴한 필리핀을 방문하는 관광객 숫자도 늘었지만 선교적 목적으로 필리핀을 방문하는 사람들도 늘어나고 있다. 한편으로는 필리핀으로 선교사를 보낸 후원교회들의 선교적 관심과 선교지 방문의 욕구가 폭증하였기 때문에 필리핀은 침착하고 진지한 선교를 하기에 어려운 곳이기도 하다. 필리핀 주재 한국대사관에 발간한 2015년 재외동포 현황자료에 따르면 89,037명의 교민이 필리핀에 살고 있다. 이런 사실은 필리핀이 특히 마닐라가 한인 디아스포라 선교를 위한 중요한 거점 도시임을 시사한다.[1] 또한 2006년 이후 한국 남성과 결혼한 필리핀 여성이 14,930명

---

[1] 손윤탁, "디아스포라 교회의 성장과 선교", 한국선교신학회, 『선교신학』 제27집 2권, 246-247에

이 되면서 필리핀 엄마를 둔 다문화자녀의 외가 나라이기도 하다.

최근의 동향으로 볼 때 필리핀은 선교적 입장에서 3가지 의미가 있다고 본다. 첫째 타문화 선교지로서의 필리핀이다. 영어를 공용어로 하는 나라이고 선교적 인프라가 잘 갖추어진 곳이어서 한국선교사가 선호하는 선교지이다. 둘째, 유학생까지 포함하여 10만 명 내외의 한국인이 거주하는 나라로서 디아스포라 한인목회가 활발하게 이루어지고 있는 선교지이다. 셋째, 한국의 다문화사역과 관련하여 지속적인 공동연구[2]와 상호교류가 필요한 선교지이다.

필자가 경험한 필리핀에서의 협력선교는 시기적으로는 2003년부터 2010년까지였고, 지역적으로는 마닐라 남쪽의 카비테주와 바탕가스주에 위치한 도농복합지역이었으며, 필리핀그리스도연합교회(United Church of Christ in the Philippines, 이하 UCCP) 타갈록서남노회(이하 KTKK)의 선교동역자이면서 대한예수교장로회(통합)의 필리핀선교회(PCKM)의 일원으로 사역하였다.

에큐메니칼 협력선교의 중요성과 실천가능성에 대해 끊임없이 고민하고 묻고 배우던 UCCP를 떠나온 지도 이미 5년이 되었다. 이제는 차분하게 필자가 참여했던 하나님의 선교를 돌아볼 수 있는 시간이 되었다고 생각한다. 인도교회협의회(NCCI)의 초청으로 2002년 1년간 인도에 머무르면서 에큐메니칼 협력선교의 중요성을 경험하고서 2003년 1월 한 주간 동안 필리핀 마닐라를 방문할 기회가 있었다. 필리핀교회협의회(NCCP), 성공회신학교(SATS), 연합신학교(UTS)를 돌아보면서 필리핀교회를 대표하는 지도자들과 신학자들 그리고 목회자들과 만남의 기회가 있었다. 대화 중에서 필리핀교회와 협력할 수 있는 선교동역자(Co-worker in Mission)로 오면 좋겠다는 선교적 요청이 있었다. 인도에서 경험

서 디아스포라 선교의 활성화를 다루고 있다.

2 장남혁, "다문화가족의 이문화역량 강화를 위한 훈련프로그램", 한국선교신학회, 『선교신학』 제 27집 2권, 285-312에서는 이문화역량(Intercultural competence)과 필리핀 지역사회개발의 상호관련성을 다루고 있다.

한 하나님의 선교에 대한 준비가 없었다면 외면할 수도 있는 이야기였지만 하나님의 선교를 향한 부르심으로 생각할 수밖에 없었다.

이 글은 개인적인 차원에서 필자가 경험한 필리핀교회와의 협력선교를 선교적인 입장에서 성찰하는 목적을 갖고 있다. 선교는 선교사가 도착하기 이전부터 하나님이 먼저 시작하신다. 필리핀 선교는 한국 선교사가 도착하기 전에 미국 선교사들의 헌신과 필리핀 교회 지도자들에 의해 이미 진행되고 있었다. 먼저 친구와 동역자의 입장에서 필리핀에서 진행된 하나님의 선교를 시대별로 정리하고자 한다. 둘째로 예장(통합) 서울북노회와 UCCP 타갈록서남노회의 10년간에 걸쳐 이루어진 협력선교의 사례를 소개하려고 한다. 셋째로 필자가 참여한 노회차원의 협력의 경험과 사례에 대한 평가와 아쉬움을 정리해 보고자 한다.

2. 1899년부터 1948년까지: 미국개신교회의 선교부에서 필리핀 그리스도연합교회로

1899년 4월 21일 미국인 선교사 제임스 로저(James B. Rodgers)가 마닐라에 도착하면서부터 시작된 개신교회의 필리핀 선교는 1948년까지 필리핀 그리스도연합교회(UCCP)와 주류 교단 간의 협의체인 필리핀교회협의회(NCCP)를 세우는 방향으로 선교적 연합이 이루어졌다.

1901년 4월에 필리핀에서 선교하고 있는 미국장로교 선교부는 다른 교파로부터 파송되어 온 선교부 대표들을 초청하여 선교적 연합과 일치를 위한 대화

(The Evangelical Union of 1901)를 시작하였고[3], 그 결과로 필리핀복음주의 공의회가 출범하였다. 필리핀 전역을 선교지 분할 협정(Comity Agreement)에 의해 배분하고 교파를 넘어 하나의 교회를 이루기를 기대하였다.[4] 장로교회, 감리교회, 침례교, 형제단, 제자교회, 회중교회, CM & A에서 온 선교부 대표들이 이 일에 함께 참여하였다.

1929년에 장로교 선교부와 회중교회 선교부 간의 일치를 통해 필리핀 복음교회(United Evangelical Church of the Philippines)가 출발하였지만[5] 대부분의 다른 교파 선교부들은 교파 의식을 넘어서 하나의 교회를 이룰 준비가 되지 않았다. 1948년 5월에 이르러 필리핀에 단일 교단을 세우기 위해 선교지 분할을 합의한 선교사들의 꿈과 필리핀 교회 지도자들의 바램은 필리핀그리스도연합교회의 창립으로 구체화하였다.

미국장로교가 파송한 제임스 로저 선교사는 교회일치를 위해 준비된 선교사였다.[6] 브라질에서 10년의 현장 선교 경험을 했고 필리핀으로 파송되기 전에 뉴욕에 있는 미국장로교 선교부 사무실에서 타 교단 선교부 총무들과 협의를 거쳐서 파송되어 왔기에 마닐라에서 주재하면서 타교파에서 파송된 선교사들과 함께 협력선교의 꿈꾸고 실천한 사람이었다. 필리핀에서 40년간(1899년부터 1939년까지) 사역을 하면서 로저 선교사는 3가지 일을 했다.[7] 첫째 감리교 선교

---

[3] Deslate V. Isagani, "Unity in Diversity" *Supplement to Chapters in Philippine Church History* (2002), 45.

[4] 위의 책, 46 - 47.

[5] 위의 책, 47 - 49.

[6] Anne C. Kwantes, *Presbyterian Missionaries in the Philippines* (1989), 21.

[7] 40년의 사역을 기초로 다음과 같은 회고록을 집필하였다. James B Rodgers, *Forty Years in the Philippines : A History of the Philippine Mission of the Presbyterian Church in the United States of America, 1899 - 1939*. (New York : Board of Foreign Missions of the Presbyterian Church in the United States of America, 1940).

부와 장로교 선교부가 따로 설립한 신학교를 통합시켜서 에큐메니칼 연합신학교(Union Theological Seminary)를 설립하는 데 기여했다. 둘째 필리핀에서 활동하던 타교파 선교부를 모아서 에큐메니칼 필리핀교회가 되도록 자극하고 준비하면서 필리핀교회협의회(NCCP)가 탄생하는 데 초석을 놓았다. 세째 장로교회 선교부와 회중교회 선교부를 합쳐서 1928년 필리핀복음교회(United Evangelical Church of Philppines)가 출범하도록 실질적인 노력을 기울였고 1948년 필리핀그리스도연합교회(United Church of Christ in the Philippines)가 설립될 수 있는 신학적 선교적 동기를 제공하였다.[8] 1948년에 5월 필리핀의 지역노회가 파송한 필리핀 총대들에 의해서 필리핀그리스도연합교회의 총회가 구성되고 필리피노 사무총장과 임원들을 선출한 것은 미국장로교 선교사들이 선교 초장기부터 꿈꾸고 진행한 협력선교의 열매였다.

3. 1977년부터 2002년까지: 한국선교사들의 장로교재건운동과 UCCP의 모라토리엄 선언

1) 예장(합동)의 장로교재건운동

1970년 이후 한국교회는 다양한 부흥운동과 복음전도 운동을 경험하였다. 이 부흥운동은 자연스럽게 한국장로교회의 선교운동으로 이어져 민족복음화를 위한 선교 열정이 세계 복음화를 위한 선교적 역량으로 바뀌기 시작한다.

---

8 위의 책, 169.

1977년 3월 필리핀에 도착한 김활영 선교사는 필리핀에서 한국교회의 필리핀 선교를 공식화하는 장로회 선교회(Evangelical Presbyterian Mission, Inc)를 1978년 8월 22일에 필리핀 정부에 등록하고 공식적인 선교를 하였다.[9]

김활영이 헌신한 사역은 장로교 재건 운동이었다. 에큐메니칼 신학과 선교를 반대하는 총신대를 졸업한 김활영과 박기호는 1929년 장로교 선교부와 회중교회 선교부와의 연합, 1948년 필리핀그리스도연합교회의 출범을 개혁주의 신학적 고결성을 희생시키는 신학적 자유주의로 보았다.[10] 그래서 필리핀그리스도연합교회에 가담한 사라진 장로교회를 재건하기 위한 장로교재건운동이 예장(합동)출신 선교사들에게 의해서 시작되었다. 1987년 6월 27일에 필리핀 장로교 독노회가 설립되면서 한국의 통합, 합동, 고신, 합동보수, 보수 성향의 미국장로교회 선교부(PCA, Mission to World)가 함께 참여하였다 그리고 1996년 10월 30일 로스바뇨스 장로교회에서 필리핀 장로교회 총회가 조직되었다.[11]

2) UCCP의 모라토리엄(Moratorium) 선언

1974년 UCCP 총회에서는 선교를 위한 과감한 결정을 하였다. 1948년 이후 필리핀을 대표하는 독립적인 교단이 되었으나 서구 교단과 선교사들이 만들어놓은 선교적 패턴을 극복하지 못하고 계속해서 서구 교회가 지원하는 재정에 의존하고 있는 현실을 발견하게 된다. 새로운 선교사와 선교 프로젝트가 서구교회에 의해 결정되고 UCCP가 의존적으로 수용하는 패턴을 극복하고자 선교유보(Mor-

---

9 박기호, 『한국교회 선교운동사』 (1999), 263.
10 박기호, 위의 책, 261.
11 위의 책, 268.

atorium)를 선언하게 되었다.[12] 1986년에 이르러서 UCCP는 교단의 지도자들이 제 역할을 감당하게 되고 재정도 서구 교회에 의존하는 것이 아니라 소속교회로부터 오는 분담금(Wider Mission Support)을 통해 노회와 총회 선교비를 스스로 조달하는 새로운 선교방식을 천명하고, '선교동반자(Partners in Mission)'라고 부르는 선교정책문서를 채택하였다. 이 정책에 따라 더 이상 서구교회가 바라보는 선교적 과제를 수행하기 위해 파송된 선교사가 아니라 필리핀 교회의 선교적 발전을 위해 UCCP가 초청한 선교동역자(Co-worker in Mission)을 초청하기로 하였다.[13]

2002년 5월에 열린 UCCP 제 7차 총회 폐회예배 시에 UCCP와 대한예수교장로회(통합)과 한국기독교장로회(기장)이 선교동반자 관계를 수립하고 선교협약서(Partnership Covenant)에 함께 서명하였다.[14] 이 협정에 의해 2010년 당시 13개 가정의 예장(통합) 선교사들이 선교동역자로 활동하고 있었다. 선교동반자 관계가 수립된 이후의 필리핀에서의 선교는 한국교회가 후원하고 파송한 선교사들에 의해서 선교적 과제를 일방적으로 정하고 그것을 필리핀에서 활동하고 있는 한인선교사들이 수행하는 것이 아니라 필리핀교회의 선교적 필요에 따라서 한국교회의 선교적 은사를 발휘하면서 선교동반자로서 필리핀에서 하나님 나라를 세우고 건강하게 하는 방향으로 나갈 필요가 있다.

---

12 John P. Brown은 Moratorium for Mission 으로 해석한다. "Korean Mission Yesterday, Today and Tomorrow : Relationship in Mission", 장로회신학대학, 「선교와 신학」 8집 , 390.
13 UCCP 9차 총회 자료집(2010), 55-61.
14 대한예수교장로회 총회, 세계선교와 에큐메니칼 연대 선교협력자료집(2008), 261-272.

4. 2003년부터 2010년까지: 예장(통합) 서울북노회와 UCCP 따갈록서남노회의 협력

필자가 동역했던 따갈록서남노회(이하 KTKK)는 필리핀 까비테와 바탕가스에 걸쳐 있는 45개 지교회들로 구성된 노회였다. 2003년 당시에 노회 설립 5주년이 된 연약한 노회였다. 그래서 노회의 지도력을 세우고 노회에 속한 지교회들을 살리는 접근을 시도하였다. 지교회의 선교적 가능성과 필요를 파악하기까지 1년 6개월이 걸렸다. 그리고 노회 임원들과 호흡을 맞추는 데도 상당한 인내와 노력이 필요했다. 필자를 그들의 일부로 받아들일 때까지 기다리고 배웠다.

기다리면서 "무슨(what) 선교를 할 것인가"라기 보다 "어떻게(How) 선교할 것인가"를 많이 고민하게 되었다. 특히 UCCP의 전통은 지교회 중심적이기보다는 총회가 정책을 제시하고 노회가 사업을 집행하는 "정책총회, 사업노회"의 틀을 가지고 있었기에 그 틀을 이해하는 것이 중요했다. UCCP가 가진 협력선교의 정책을 존중하는 지혜로운 선교동역자로서 처신할 필요가 있었다. KTKK 임원들과 대화하면서 그들의 기대는 개인적으로 탁월한 선교동역자가 되는 것이 아니라 KTKK의 선교현장에서 친구로서 함께하는 선교동역자가 되는 것이었다.

협력선교를 통한 필리핀선교의 꿈은 현장에 있는 선교사 한 사람이 혼자만 이해하고 감당하기에는 많은 한계가 있었다. 그래서 필자가 속한 예장(통합) 서울북노회 2004년 10월 정기노회에 참석하면서 노회 임원회에 노회 차원의 협력선교를 제안하였고 1년간 연구한 후에 필리핀선교협력위원회가 구성되었다.[15]

---

15 서울북노회는 이전에 미국장로교 시애틀노회, 해외한인장로회 서중노회와 노회차원의 협력선교를 경험하였다.

서울북노회 필리핀선교협력위원회 구성[16]
1. 위원장 : 목사 부노회장이 당연직 위원장이 되고
2. 사업내용 : 매년 5월 선교협력위원회가 타갈록서남노회를 방문하고, 매년 10월에는 타갈록서남노회 임원 2인을 서울북노회의 정기노회에 초청한다.
3. 사업추진 : 2006년 5월 두 노회가 선교협정을 체결하고 매 2년마다 갱신한다.[17]
4. 예산 : 연 500만 원(주로 방문자 항공료와 숙박비 지원)

KTKK도 선교협력위원회(Partnership and Ecumenical Relations)를 구성하여 서울북노회 필리핀선교협력위원회의 동반자가 되도록 준비하였다. 2006년 이후 현재까지 10년간 두 노회가 매년 2차례씩 만나고 협의한 것을 생각해보면 10년간 두 노회 임원들의 만남과 사귐이 협력선교의 든든한 기초가 되었다.

또한 실질적으로 이 사업을 지원하기 위한 서울북노회 필리핀선교후원회(이후에 KTKK의 친구들로 개칭)도 구성되어서 다양한 협력사업을 구체적으로 도왔다.[18]

초기에는 KTKK의 기존 사업을 도왔다. 선교활성화 세미나를 양 노회가 공동 개최하여 KTKK 미자립교회와 미조직 교회들의 사기를 북돋고 실질적인 지원과 협력 방안을 모색하였고, 서울북노회 남선교회 연합회가 2차례에 걸쳐서

16　서울북노회 제 58회 노회 회의안, 123.
17　기독공보, 2006년 5월 17일자 2559호 기사
18　타갈록서남노회 정기노회(2011년 5월 10-11일) 자료집에 보면 노회지출결산 1,592,267페소 중에서 301,018페소가 11개월 동안(2010년 6월부터 2011년 4월까지) 서울북노회가 지원한 금액이다. 타갈록서남노회 일년 예산의 평균 20% 정도가 서울북노회와 협력해서 타갈록서남노회의 선교활성화 사역에 쓰였다.

타갈록서남노회 지역교회들을 대상으로 의료선교가 진행될 수 있도록 재정적인 후원과 함께 임원들이 직접 참석하여 격려해 주었다. 또한 마이망가 교회가 시작한 유치원 원생들의 장학금을 지원하기도 하였다.

1) 교회발전

사역의 초기부터 교회개척에 참여하는 것이 현실적으로 어렵기도 하였고 한국처럼 개교회에 집중하는 방식이 아니라 KTKK의 선교동역자로서 노회 전도부를 통해 설립된 교회들이 미자립 혹은 미조직 상태를 넘어서 조직, 자립 교회로 성장하도록 격려하는 프로그램을 개발할 필요가 있었다. UCCP가 쓰고 있는 용어도 전도와 교회발전(Evangelism and Church Development, ECD)이고, 교회의 설립도 모교회가 지교회의 설립을 준비하고 지원하거나 노회전도부가 노회 차원의 전략적 교회설립을 지원하는 방식이다. 선교동역자로서 교회발전과 관련하여 참여할 수 일은 교회 활성화였고, 노회 전도부를 통해 개척교회 목회자들과 함께 정기적으로 모여서 목회정보도 공유하고 세미나도 개최하는 등 교회활성화를 위한 선교적 자극을 주었다.[19]

2) 지교회 건축 지원

교회건물의 증·개축 혹은 신축은 교회개척이 아니다. 특히 UCCP입장에서 한인선교사를 통한 교회 건축은 협력선교의 정신을 잊고서 한국교회의 재정에 의존하게 할 경향이 있는 사업이었다. 교회건물을 세우는 일보다 중요한 것은 교인

---

19 2011년에는 STEP(Strategies on Transformational Evangelism Program)으로 구체적으로 발전해갔다.

들의 자존감을 세우는 일이었고 또 교회의 선교적 잠재력을 일깨우고 세우는 일이었다. 신축이든 재건축이든 적어도 준비에서 헌당식까지 1년에서 1년 6개월이 걸렸다. 첫 단계는 노회장과의 협의를 통해 지역을 선정하고 선정된 지역의 교회를 방문하여 교회환경을 조사하고 분석하는 일이었다. 보통 3개월에서 4개월이 걸렸는데 목회자의 목회비전을 알아보고 교회운영위원회로 하여금 자발적으로 3개년 발전방안을 마련하도록 유도하고 격려하는 과정이었다. 그리고 건축위원회를 조직하는 일이 두 번째 일이었다. 노회장, 전도부장 그리고 선교동역자인 필자가 당연직으로 들어가고 해당교회에서 4-5명을 추천하여 건축위원회를 구성하고 공사일정과 예산 그리고 공사업자를 선정하는데 보통 2달 정도가 필요했다.

따갈록서남노회 지교회 교회건물 건축을 협력하고 지원한 이들은 다음과 같다.

2006년 - 삐낙상한교회(서울북노회 남선교회), 빵일교회(상신교회 전도부), 리잘교회(한마음교회)

2007년 - 룩소힌교회(미암교회), 다오교회(전국장로회 연합회)[20], 톨렌티노교회(팔호교회), 불리한교회(기장 송암교회)

2008년 - 발라얀교회(장석교회), 아바요교회(영일교회)

2009년 - 뜨레세교회(북부광성교회)[21]

2010년 - 떠르나떼교회(장석교회), 깔라까교회(광주 한일교회)

---

20 기독공보, 2006년 08월 31일(2574호) 기사.
21 기독공보, 2010년 02월 22일(2743호) 기사.

3) 청년지도자학교

따갈록서남노회가 잘하고 있는 사역 중에는 평신도 지도력 개발 프로그램으로 한국의 노회성서신학원과 비슷한 내용이다. 1년에 20개 정도의 신학기초과목을 이수하게 되면 정기 노회 폐회예배 시간에 수료증을 주고 노회의 추천으로 지교회의 평신도 사역자로 사역하거나 미자립교회의 전도자로 파송된다. 평신도 지도력 개발과 청년 지도력 육성은 KTKK의 선교적 현실에서는 중요하고 시급한 문제였다. 청년지도력을 육성하기 위해서 노회교육부에서 교육과정을 먼저 개발하고, 청년지도자학교(Youth in Mission)의 이름으로 1년에 1박 2일씩 5번 집중과정을 시행하였다. 지교회의 추천을 받은 12명을 대상으로 기독청년의 정체성 발견, 교회 안에서의 역할, 필리핀사회에서의 선교적 사명, 지구촌 시대의 선교적 사명을 중요 영역으로 하여 훈련시켰다. 특히 이 과정을 수료한 청년들 가운데 대한예수교장로회 해양의료선교회의 초청으로 전남 신안군 팔금센타에서 평신도 선교사로 활동하기도 하였다.[22]

4) 목회지도력 개발

협력선교가 선교협정을 맺은 교단(모달리티)들 사이의 협력을 넘어서 선교지에서 선교의 시너지 효과를 기대하고, 선교지의 선교적 경험과 역량을 공유할 수 있다면 신학적으로 에큐메니칼 성향의 주류교단을 넘어서, 로잔언약의 정신에 기초하여 건전한 복음주의 선교에 참여하는 단체와의 협력에도 개방적이어야 한다고 본다. 이런 의미에서 로잔운동이 목표로 삼고 있는 변혁(Transformation)을 아시아 상황에서 이루기 위해 실제적인 접근을 시도하고 있는 아시아사회개

---

22 기독공보 2013년 12월 13일(2927호).

발원(Asian School of Development and Cross-Cultural Studies, 이하 AS-DECS[23])와의 만남은 필리핀 지도자들의 영성, 헌신성, 전문성 등 선교적 인프라를 다시 생각하게 하였다. 석사과정(Master of Transformational Leadership)을 따갈록서남노회 사무실로 유치하여 격월로 1주일씩 집중교육을 실시하였고 10명(목회자 9명과 평신도 1명)이 2013년에 졸업을 하였다. 교육내용은 AS-DECS가 진행하고, 참가자들은 KTKK에서 선발하고, 재정후원은 서울북노회 KTKK의 친구들(후원회)를 통해서 학비의 60%를 지원하고 40%는 KTKK 노회보조비, 참가자, 소속교회가 감당하는 방식이었다.

5. 나가는 말

협력선교라는 말이 한국교회에는 아직도 낯설지만 필리핀교회의 개신교 역사 특히 UCCP의 역사는 협력선교의 꽃이고 열매이다. 1901년부터 진행된 협력선교의 정신과 역사를 이해하고 존중하는 선교가 필리핀에 적합한 선교라고 믿는다. 한국교회가 활용할 수 있는 선교자원(인적, 물적, 경험적)은 유한하지만 협력선교의 틀 속에서 하나님이 공급해 주시는 선교자원은 무한하다. 2010년 로잔운동 케이프타운 대회에서 발표된 케이프타운 서약에서는 세계선교에서의 동반자적 협력을 다음과 같이 언급하고 있다.[24]

---

23 www.asdecs.weebly.com 아시아사회개발원을 이끌고 있는 데이빗 림(Dr. David Lim)은 필리핀 로잔위원회 의장이다.
24 로잔운동 저, 최형근 역, 『케이프타운 서약』, (서울: 한국기독학생회출판부, 2014), 123.

동반자적 협력은 돈 문제를 넘어서는 것이며, 무분별한 자금투입은 교회를 부패시키고 분열시킨다. 선교에 있어서 남과 북, 동과 서의 참된 상호관계, 서로 주고받는 상호의존, 존중과 존엄성을 추구하자. 그것이야말로 진정한 우정과 참된 동반자 됨의 특징이다.

하나님의 선교에 부르신 열방의 민족들과 교회들이 가진 선교적 잠재력을 발견하고 일깨우고 공유하는 것이야 말로 지혜로운 협력선교의 자세라고 본다. 필자가 감당했던 에큐메니칼 협력선교를 정리해 본다면 다음과 같다.

1. 대한예수교장로회 총회의 선교신학에 기초하여 협력선교를 수행하였다.[25]
2. 동역교단인 UCCP의 선교적 필요와 잠재력을 일깨우는 선교를 하려고 시도했다.
3. 서울북노회와 타갈록서남노회간의 신뢰할 만하고 지속가능한 선교가 되도록 설득하고 도왔다.[26]
4. 교회건물 건축사업을 통해 지역교회의 선교활성화 사역을 도왔다.
5. 청년지도자학교를 도입하여 노회차원의 청년지도력을 발굴하려고 하였다.

---

[25] 대한예수교장로회 총회 세계선교부, 「변화된 세계와 선교전략」,(2010), 21쪽에 수록된 총회선교신학(1996년)의 마지막 항목이 "선교와 협력"이다. "선교는 협력적인 사역이다. 선교의 주체이신 하나님도 성부, 성자, 성령 삼위일체로 함께 일하신다. 다양성 속에서 사랑의 일치를 이루고 계시는 삼위일체 하나님의 선교는 역사 속에서 사람들의 협력을 요구하실 뿐 아니라, 다양성 속에서 일치를 원하신다. 우리는 주님께서 재림하실 때까지 인종과 문화와 교파를 초월하여 선교하는 일에 하나가 되어 협력해야 하는 것이다. 이 협력과 다양성 속에서의 일치 추구는 항상 참여와 책임과 의무부담을 포함하고 있다."
[26] 이명석, 「에큐메니칼 선교 이렇게 하면 잘 할 수 있다」 (서울: 한국장로교출판사, 2013년), 178쪽에서 서로가 서로에게 필요한 존재라는 것을 깨닫는 것이 선교협력의 중요한 열매라고 하였다.

6. PCK 총회 파송으로 UCCP와 협력하는 선교동역자들이 늘어났다.
7. PCK 필리핀선교가 선교 30주년을 맞으면서 전문화, 지역화, 집중화 선교 정책을 세우도록 선교적으로 자극하고 동참할 수 있는 사례를 만들었다.[27]

아쉬웠던 점

1. 총회 차원의 선교협정서와 노회 차원의 선교협력 사이에 실천의 간격이 있다. 2002년에 체결된 선교협정서는 총회차원이지만 노회차원에서 활용할 수 있는 실질적인 협약서의 개발이 필요하다.
2. 에큐메니칼 협력선교는 상호존중과 상호 신뢰가 있어야 한다. 협력선교는 구조와 만남이라기 보다 하나님의 선교에 참여하는 사람들의 상호 배움의 과정이다.[28] 에큐메니칼 협력선교의 경험 속에서 만난 사람들을 하나님 나라의 관점에서 계속 연결하고 참여시킬 필요가 있다.
3. 필리핀교회의 지도자들과의 협력보다 한국선교사들 간의 협력이 더 어려웠다. 필리핀은 공존의 가치가 있는 나라이고 필리핀그리스도연합교회는 교파의 차이를 넘어서 연합된 교회이기에 에큐메니칼 연대의식이 강한 교회이다. 경쟁적이라기보다는 협업적이다. 교회의 변화와 발전도 조급하게 시도하지 않는다. 하지만 필리핀에서 사역하는 한인선교사들은 협력적이기보다 경쟁적이었다. 같은 교단에서 파송되었다 하더라도 선교사 개인의 모금 능력에 의존하는 선교는 협력하기 어려웠다. 또한 필리핀 교회와 함께 복음화를 위한 구체적인 선교정책과 전략이 없는 한인 선교사들의 개인주의적 선교는 공도 많지만 실도 많은 선교이다.

---

27 대한예수교장로회 총회 세계선교부 필리핀선교회, 「필리핀선교 30주년 기념 선교현장이야기」 (2011), 20.
28 한국일, 「세계를 품는 선교」, (서울: 장로회신학대학교 출판부, 2004), 136-143.

재일대한기독교회의 에큐메니칼 선교

김병호 선교사(일본, 재일대한기독교회 총간사)

일본선교사가 되기까지

일본선교사가 된 것은, 나보다 3년 먼저 일본 땅을 밟은 선배 선교사이자 동료인 정연원목사의 배려를 통한 것인데 처음부터 선교사였다기보다는, 목사가 된 후에도 좀 더 배워야겠다는 계획으로 가까운 나라 일본행 항공기에 몸을 실었으며 어학연수와 동경신학대학 신학 연구과정의 3년, 그 후 선교사로서의 26년을 합하여 29년의 세월이 지나갔다.

　유학생활이 끝나가면서 진로에 대한 생각을 하고 있을 때, 이곳 일본에는 70만 명의 재일동포가 살고 있고, 그들에게 복음을 전하며 선교적 사명을 감당하고 있는 재일대한기독교회(Korean Christian Church in Japan, 이하 'KCCJ')가 있고, 일본어와 한국어를 말할 수 있는 목사가 필요한 상황과 함께 모국의 고향 부산에서 모범적으로 선교사를 지원하고 있는 부산국제선교회를 통하여 본인을 일본선교사로 파송하고 지원하겠다는 것이다.

그 당시 모국 교회는 목회자를 많이 배출되고 있었지만, 일본에서 민족적 차별과 고난의 가시밭길을 걷고 있는 재일동포를 위한 선교에는 목회자가 부족한 상황이었다. 이러한 재일동포교회를 섬기기 위해 쓰임 받을 수 있다면 이것도 귀한 사명을 감당하는 것이라 여겨 일본선교사로 지원하고 총회 전도부를 통하여 파송 받게 되었으며, 부산국제선교회를 통하여 부산동노회 덕천교회가 모든 선교비를 지원하게 된 것이다.

KCCJ를 통하여 재일동포 선교에 동참

1908년 일본의 수도 동경에 유학생들을 중심으로 한인교회가 조국교회의 지원으로 설립되면서 일본 선교가 시작되었다. KCCJ는 일본 열도 전역에 흩어져 살고 있는 재일동포 교회로서 100교회와 5천 명의 신도로 5개 지방회(노회)로 조직되어 있다. 지난 2008년에 KCCJ는 선교 100주년을 맞이하였다. 지나온 100년간의 한 많은 역사를 돌이켜 보며, 앞으로의 100년을 향한 표어를 '감사의 100년, 희망의 100년'이라 정하고 창세기 45장 5절의 요셉이 애굽땅에 오게 된 것은 하나님이 생명을 구원하시기 위하여 나를 먼저 보내셨다는 고백을 우리들의 고백으로 삼고 재일동포 선교의 100주년을 맞이하였던 것이다.

KCCJ는 출발에서부터 에큐메니칼 교회였다

일본 땅에 한인교회가 설립된 것은, 구한말 기울어져가는 조국의 암울한 현실 앞에 배움을 통하여 조국을 건져 보겠다는 포부를 품고 현해탄을 건넌 유학생들에게 복음을 전하기 위하여 1906년 서울YMCA가 김정식총무를 동경으로 파송하여 재일본 조선YMCA을 설립하여 성경공부를 하였고, 그것이 계기가 되어 1908년에 동경교회가 탄생하였다. 1908년에 동경에 있는 조선인 유학생 수는 270명 정도였고 1910년에는 420명으로 늘어났다. 당시 동경YMCA의 2층 방 하나를 빌려서 동경조선기독청년회를 발족시키고 성서연구 중심으로 유학생들이 주일예배를 시작했다. 평양에 있던 정익로 장로가 1908년에 동경에 오게 되어 이를 계기로 김정식 YMCA총무와 10여 명의 유학생이 예배 후에 모여 YMCA와는 별도로 교회를 설립하자는 의견이 일치되어 동경교회가 설립되었다. 목회자가 필요했던 동경교회는 조선예수교장로회(독노회)에 목사를 보내달라는 요청을 하였고 1909년에 한석진 목사가 일본으로 파송되어 동경교회는 교회 조직을 정비함으로 더욱 활기를 띠게 되었다.

그런데 동경교회에 모이는 유학생 중에는 대부분 장로교 교인이었지만 그 중에 1명이 감리교 교인이 있었기 때문에 감리교 목사도 보내달라는 요청을 하게 되어, 1912년에는 조선의 장로회와 감리회에 의한 선교 합의가 이루어져 양교회가 교대로 목사를 파견하여 동경교회는 그 출발부터가 에큐메니칼적인 것이 특징이었으며 동경교회를 모교회로 하고 있는 KCCJ는 교파성이 없고 조국의 여러 교단이 함께 참여하는 초교파적 교회, 약자를 소중이 여기며 그들의 의견을 존중히 하며 섬기는 교회로 발전해 왔다.

제1차세계대전(1914-18) 이후에 일본의 경제가 호경기를 맞이하여 노동력이 부족하게 되었다. 일본의 식민지 정책으로 인해 농지, 토지 등을 수탈당한 수

많은 동포들이 일감을 찾아 고베(神戶)와 오사카(大阪)를 중심으로 하는 관서 지방의 산업지역으로 도일하게 되었다. 1920년대에는 30만 명이 넘는 한국의 남녀 노동자들이 일본으로 건너 왔는데 동포 노동자들을 중심으로 관서지역에도 교회가 설립되었다. 그 후 일본의 큐슈지방에도 많은 한인들이 공장과 탄광을 찾아 모여 들었다. 이로 인해 1927년에는 후꾸오까(福岡) 교회, 고꾸라(小倉) 교회 등 여러 교회가 설립되었다. 이들 교회의 신자들은 유학생이나 노동자들 할 것 없이 조국을 일본의 식민지로 빼앗기고 일본에 건너와 있음에도 불구하고 신앙만은 철저했다.

KCCJ의 수난기

재일동포 선교는 1927년에 캐나다연합교회를 반대한 캐나다장로교회가 조선선교지 함경도를 떠나면서 재일동포 선교에 가담하게 된 것이 재일대한기독교회가 세계적 에큐메니칼 선교적 시야를 넓히는 기회가 되었다. 캐나다장로교회 선교사 Luther Lisgar Young 목사는 1906년도부터 함경도에서 선교활동을 했지만 1927년부터 일본에 와서 일본선교연합공의회와 합의하여 고베(神戶)를 중심으로 일본 전역에 산재한 우리 동포들을 위하여 열심히 전도하여 큐슈에서 사할린까지 61개 교회를 개척하기도 하였다. 그는 재일대한기독교회의 토대를 확고하게 하였으며 그러한 관계로 지금까지도 캐나다장로교회(PCC)와의 교류와 협력은 계속되고 있다.

그렇지만 당시의 어려운 환경 가운데 살아온 재일동포들의 삶이란 비참하기 짝이 없었다. 나라를 빼앗기고 농지를 잃어 양식을 구하기 위해 일본에 건너

온 실향민이었던 동포 노동자들은 이곳에서도 멸시와 차별을 받으며 살아왔다. 교회는 마음의 안식을 제공하고 고향의 소식과 민족의 아픔을 나누는 신앙 공동체의 역할을 해왔다. 조국의 해방을 위해 기도하고 우리말과 일본어를 습득하는 배움의 장이 되기도 하였다. 1934년 2월에는 "재일본조선기독대회" 창립총회가 개최되어 신조 헌법을 제정하고 조직교회가 되어 독립된 교단으로 목사와 장로 안수를 집행하게 되었다.

그러나 일본이 계속해서 침략전쟁의 길로 들어서면서 제국주의의 강압에 의해 전쟁의 승리를 바라는 마음을 한곳에 모은다는 명분 아래 교단을 통폐합하는 종교단체법이 1939년에 성립됨으로 일본에 있는 한인 교회는 존속의 위기를 맞이하게 되었다. 1940년에는 "일본기독교회"로부터 제시받은 목사의 재시험과 일본어로 설교할 것과 일본기독교회의 신조를 따를 것이라는 조건에 의해 합동이 되고, 이듬해인 1941년 6월에 "일본기독교단"에 통합되고 말았다. 이때부터 1945년 해방을 맞이하게 될 때까지 재일조선기독교회라는 명칭은 없어지고 일본이 태평양 전쟁에 돌입하는 가운데 교회에 대한 탄압은 더욱 심해졌다. 설교나 공식기록은 일본어 사용이 강요되어 많은 신앙의 선배들이 희생과 고난의 길을 걸었다.

KCCJ의 재건기

1945년 8월 15일은 일본 천황이 무조건 항복을 선언하여 일본은 패배의 슬픔에 잠긴 날이었지만 조국은 물론 일본에 살고 있던 동포들에게는 해방의 기쁨이 넘치는 날이었다. 많은 사람들이 귀국하는 가운데 일본에 남게 된 몇 명의 목회자와 300여 명의 신자들에 의하여 동경교회가 교회가 재건되면서 1945년 11월 15일에 서경교회(현재 경도교회)에서 21개 교회가 모여 창립총회를 열고 강제적으로 편입되었던 구 일본기독교단으로부터의 탈퇴를 결의하고 통고문을 발송한 후 "재일조선기독교연합회"를 창립하였다. 1948년에는 "재일대한기독교회 총회"라고 명칭을 변경하였다.

해방의 기쁨을 뒤로 하고 조국은 남북이 분단됨으로 인하여 재일동포 사회도 그러한 현상이 나타났다. 1950년에 발발한 한국전쟁으로 인한 상처와 아픔은 일본에 사는 재일동포 사회에 크나큰 문제를 안겨 주었고, 남과 북이 분단된 조국의 현실이 일본의 한인 사회에서도 역력히 나타났다. 남한 정부를 지지하고 국적을 대한민국으로 하는 사람들은 〈대한민국거류민단, 일명 '민단'〉에, 북한을 지지하고 국적을 북한으로 하는 이들은 〈조선인총련합회, 일명 '조총련'〉에 적을 두고 서로 반목하는 불행한 현실 속에서 KCCJ는 화해자로서 책임있는 태도를 취하지 못했다는 깊은 반성을 하게 되었다.

재일동포의 인권과 법적지위 향상을 위하여

KCCJ는 1968년 10월에 선교 60주년을 맞이하면서 "그리스도를 따라 이 세상으로"라는 표어를 세우고 "재일동포사회에 변혁을", "세상에 희망을"이란 부제를 걸고, 지금까지의 안일한 개인주의적인 신앙생활을 회개하고 일본에서 차별받고 고난의 가시밭길을 걸어가고 있는 재일동포의 삶과 함께 하겠다는 고백과 함께 재일동포의 인권문제를 선교적 과제로 여기고 다시 전진하게 되었다. 그러한 일을 감당하기 위하여 1971년에는 오사카(大阪)재일한국기독교회관(KCC)을, 1974

년에는 동경에 재일한국인문제연구소(RAIK)가 설립되어 적극적으로 재일동포의 인권과 지위향상을 위해 섬기게 되었다.

일본에서 출생하여 교육을 받고 납세를 하고 있는 동포 2세들이 취직, 공영주택 입주, 외국인등록증 지문채취 및 등록증 상시 휴대 의무 등의 차별을 받자 동포 2세들은 굴욕적인 인종차별에 저항하기 시작했다.

1974년에 제1회 〈마이너리티 문제와 선교〉 국제회의를 개최하여 WCC를 비롯한 세계교회에 일본 정부에 의한 재일동포 차별에 대한 실체를 알리고, 이러한 인종차별주의와의 싸움에 동참할 것을 호소하였다. 이 회의의 결과로 재일한국인문제연구소(RAIK)가 설립되어 이 일을 전문적으로 연구하며 자료를 수집하고 인권세미나를 개최하고 있다. 그와 함께 일본그리스도교협의회(NCCJ)와 연대하여 1970년대 조국의 민주화 운동에도 크게 동참하였으며, 1980년대의 외국인 지문날인 철폐운동에 앞장섰다.

조국의 남북 평화적 통일을 위하여

조국의 남북 분단의 아픔은 이곳 재일동포들의 삶에도 영향을 미치게 하여 이념적 갈등이 심화되어 왔다. 북한에 교회가 있다는 사실과 함께 국제사회에 북한교회가 그 모습을 드러내게 된 것은 세계교회협의회(WCC)가 주관하여 1984년 10월 29일-11월 2일에 일본 동경에서 100킬로미터 정도의 거리에 있는 YMCA 수양관 '도잔소(東山莊)' 회의에서였다. 애석하게도 북한교회 대표들은 참석치 못했지만 한반도의 평화통일을 위한 한국교회 및 해외교회가 본격적으로 협의하기 시작한 것이다.

그 이후 남북한 교회의 첫 만남은 1986년 9월 2일-5일, 스위스 글리온에서였으며, 일본에서의 첫 만남은 1989년에 일본NCC의 초청으로 시작되었으며, 그와 때를 같이하여 재일대한기독교회가 북한에 방문단을 보내게 됨으로 왕래가 활발해졌다.

그 당시 남북한의 왕래가 어려운 상황에 재일대한기독교회는 남북한 교회를 일본 동경에서 만날 수 있도록 자리를 마련하여 조국의 평화적 통일을 위해 남과 북, 그리고 해외교회 기독자들이 함께 대화하고 기도하며 방안을 모색하는 것이 하나님께서 우리에게 주신 선교적 사명이라 고백하고, 1990년 7월에 동경 한국YMCA를 장소로 하여 처음으로 〈조국의 평화통일을 위한 기독자 동경회의〉를 주관하여 개최하였다.

이 회의에 북한에서 〈조선그리스도교련맹〉 서기장 고기준목사를 비롯하여 5명의 대표가 참석하였고, 한국에서는 NCC를 비롯하여 재일대한기독교회와 협약관계에 있는 각 교단, 미국, 캐나다, 독일 등지의 한인 디아스포라교회 지도자들이, '북한교회가 정말 실존하는가', '북한에도 목사가 있는가'를 확인이라도 하는 듯 앞을 다투어 동경으로 모여왔다. 이 모임은 2002년까지 8회에 걸쳐 일본 동경을 중심으로 남북한 교회의 왕래가 수월해질 때까지 계속되었다. 일본에는 북한을 국적으로 하고 있는 조총련이 있기 때문에 재일대한기독교회가 북한교회 대표들을 초청하기가 수월했는데, KCCJ가 조국의 이념적 틈바구니에서 화해의 길을 모색하는 중요한 가교의 역할을 한 것은 지금까지도 높은 평가를 받고 있다.

지난 2014년 6월 17일-19일에 스위스 제네바의 보세이에서 북한교회와의 만남이 WCC주관으로 이루어졌다. 지난 2012년 1월 작고한 故 강엽섭 前 조선그리스도교련맹 위원장의 아들로서 현재 위원장을 맡고 있는 강명철 목사를 공식적으로 처음 만난 자리여서 한국교회뿐 아니라 세계교회의 주목을 받았다. 북한에서는 조선그리스도교연맹의 강명철 위원장과 리정로 부위원장 등 4명이 참석하고, NCCK와 15개국에서 50여 명이 참석했다. 나는 재일대한기독교회 총간사로서 참석했다.

이번 모임은 전술한 도잔소 회의의 30주년을 기념하여 모였는데 세계교회가 매년 한반도 평화를 위한 기도의 날을 정할 것을 제안하는 선언문이 채택됐다. 재일대한기독교회에서 그동안 매년 8월 둘째 주일에 실시한 평화통일주일헌금 1만 달러를 조선그리스도교연맹에 전달하였다.

통일관계, 인권 등의 문제는 대체적으로 NCC를 중심으로 하는 진보적 성향의 교단들이 참여하고 있지만 재일대한기독교회가 주관하는 통일 및 인권 관계의 모임에 초청하게 되면 선교협약 관계에 있는 보수적 성향의 교회도 참여하게 되는 이점이 있기 때문에 재일대한기독교회는 분열된 조국교회를 만나게 하는 에큐메니칼 운동에 앞장서는 교회인 것이다.

일본과 한국뿐만 아니라 세계적 에큐메니칼 네트워크에 동참

이러한 일은 우리 KCCJ의 역량만으로는 부족하여 함께 연대하며 협력하는 일본교회들과, 조국교회 및 세계교회가 함께 했다. KCCJ는 일본교회와 선교협약을 맺고 또한 일본기독교협의회(NCCJ)에의 가맹과 함께 일본교회 및 단체들과의 교류 및 협력과 연대를 해오고 있으며, 무엇보다도 조국교회와의 연대와 협력은 큰 힘이 되어 왔다. 대한예수교장로회의 통합, 합동, 대신, 백석, 한국기독교장로회, 기독교대한감리교회, 기독교대한성결교회 등 7교단과 선교협약 관계를 체결하여 협력하고 있다. 그뿐만 아니라 세계교회협의회(WCC), 아시아기독교협의회(CCA), 세계개혁교회연맹(WARC→WCRC) 등의 가맹교단으로서 세계교회와도 연대하고 있다.

그 중에서도 특히 오랜 세월동안 KCCJ를 파트너교회로서 협력하고 지원하고 있는 캐나다장로교회(PCC)와의 연대는 높이 평가할 수 있다. 그 외에도 미국장로교회(PCUSA), 미국개혁교회(RCA), 미국합동그리스도교회(UCC), 호주연합교회(UCA)와 선교협약관계를 가지고 연대하고 있으며, 캐나다연합교회(UCC), 미국연합감리교(UMC)와 협력을 돈독히 하고 있어, 작은 마이너리티 교회이지만 세계적인 에큐메니칼 네트워크를 가지고 있는 특이한 교회이다.

KCCJ의 특징

첫째로, 초교파성 즉 에큐메니칼적이다. 장로교회, 감리교회, 성결교회의 합동(Uniting)을 이룬 교회로서 형성되어 왔다. 일제의 식민지 통치하에 장/감/성 연합의 교회로 전도 활동을 전개해왔다. 그동안 타교파와의 선교 협력과 협약을 체결하는 일로 여러 가지 신앙 스타일이 교회 안에서 초교파성을 지니면서 하나가 되어왔다.

두 번째로 소수성(minority)을 들 수 있다. 재일교포로서의 존재와 피차별의 체험으로부터 오는, 인권·인간 존엄에의 대처이다. KCCJ는 이러한 아픔을 안고 교회를 방문하는 사람들의 아픔을 공유할 수 있는 기반이 있으며, 일본에 살고 있는 민족적 소수자들을 섬길 수 있는 은사를 하나님께서 주셨다고 믿는다.

세 번째로 다양성(diversity)이다. 교회의 구성원은 일제 강점기에 현해탄을 건너 왔던 1세와 그 후손인 재일 2세부터 5세까지 있는 재일의 세대와, 최근에 도일한 소위 신 1세, 그리고 일본국적을 지닌 자와 재일코리안 국적을 지닌 부모 사이에서 태어난 혼혈, 한국에서 건너와 일본인과 국제 결혼하여 사는 이, 한국인이나 한국에 흥미를 가진 순수한 일본인, 조선족 등 다양한 구성원이 교회에 출석하고 있다. 그에 따른 사용 언어의 이중성, 정체성의 문제 등이 있지만 KCCJ는 이런 문제들을 다양성의 풍성함을 통해 일본선교의 원동력으로 전환시킬 수 있다고 본다.

일본에 살고 있는 소수자들을 위한 섬김에 힘쓰는 KCCJ

전기하였던 제1회 〈마이너리티 문제와 선교〉 국제회의는 민족적 차별에 맞서 싸우는 일이었다면, 20년 후 1994년에 가진 제2회 〈마이너리티 문제와 선교〉 국제회의는 일본에 있어서의 외국인 등록법의 근본적 개정과 외국인 주민 기본법 제정 등에 관한 이슈를 가지고 모였으며, 그 후 21년이 지난 2015년 11월에는 제3회 〈마이너리티 문제와 선교〉 국제회의를 동경에서 열게 되었다.

이번에 여는 국제회의의 이슈는, 일본 보수 정권의 극우 성향의 민족적 인종차별주의에 의해 대도시 주변에 살고 있는 한인타운을 중심으로 만연하고 있는 헤이트스피치(Hate Speech)를 극복하고 일본정부가 인종차별철폐법안을 제정하도록 세계교회가 공유하며 기도하며, 그리고 공생의 장막을 넓혀 가자는 것이다. 이 국제회의를 위해 일본교회뿐만 아니라 한국교회 및 세계교회가 협력하고 지원하고 있다. 그리고 KCCJ는 이 회의를 통하여 새로운 선교적 과제를 가지고 출발하려하고 있다. 현재 일본에는 과거와는 달리 우리 재일동포 보다 더 많은 외국인들이 살고 있다. 이들은 삶의 양식을 찾아 모여온 무리들이며 이들 또한 과거 우리 재일동포가 겪었던 차별적 대우를 받고 있는 민족적 마이너리티들이다. KCCJ는 과거의 경험과 노하우를 살려 그들의 인권과 삶의 도우미로의 일을 추진하는 마이너리티 선교센터의 설립을 준비하고 있다.

KCCJ의 다양성 속에서 협력하는 선교사

KCCJ의 교회를 섬기는 교역자의 종류는 다양하지만 크게 세 부류로 나뉜다. 첫째가, 해방 전부터 일본에 살고 있었던 재일동포의 후손으로서 일본에서 출생한 이들이다(30%). 둘째가 1980년대부터 다른 목적으로, 혹은 부모를 따라 일본에 와서 사명을 받아 일본 신학교를 졸업하여 교역자가 된 이들이다(30%). 셋째는 본국 선교협약 교단으로부터 선교사로 파견 받아 KCCJ에 협력하여 목회를 하고 있는 선교사들이다(40%).

KCCJ는 다양한 성장과정과 교파적 배경의 교역자들이 한데 어우러져 섬기고 있다. 그 특징은 몇 가지가 있다. 사역하는 목회자에 따라, 언어적으로 한국어가 전혀 필요 없는 일본어로만 예배드리는 교회도 몇 곳 있고, 일본어가 전혀 필요 없는 한국어로만 예배드리는 교회도 몇 곳 있지만 대부분의 교회가 한국어 일본어를 함께 사용하면서 예배 및 회의 등 교회 운영에 임하고 있다. 그렇기 때문에 서로 다름을 인정하지 않을 수 없으며, 신학 및 신앙적 성향이 다르지만 서로 존중하지 않으면 안 된다.

　오늘 우리들이 살고 있는 지역에는 여러 종류의 출신과 성분이 다른 사람들이 공생하고 있다. 더불어 살아야 한다는 현대 사회 속에서 하나님 나라의 징표를 만들어 가는 선구자적인 소수자로 KCCJ를 하나님께서 이 땅에 세워 주셨음을 인식하는 사명감을 재확인하여야겠다.

　일본교회도 아니고 한국교회도 아닌 재일(在日)의 상황에서, 100년이 넘는 세월을 지내오면서 세대를 달리하는 교회, 1980년대부터 본국의 여행자율화에 따른 다수의 신세대의 입국으로 말미암아 교회는 수적인 증가와 활기차고 열정적인 신앙 양상이 다소 불협화음을 일으켜 몸살을 앓기도 하지만 KCCJ는 재일의 상황 속에서 정체성을 가지고 계속해서 나아갈 것이다.

　본국의 각 교단에서 파견 받아 일본교회를 섬기든지, KCCJ를 섬기든지 선교협력자로서의 역할을 해야 할 것이다. 일본은 선교대상국이 아닌 선교협력국인 것을 인식하고 교류와 협력을 통하여 에큐메니칼 선교로 나아가야 할 것이다.

　마지막으로, KCCJ의 일본에서의 선교 과제를 몇 가지 소개한다.

1. 점점 더 좁아져 가는 지구촌 시대 속에서 KCCJ의 선교신학을 재구축하고 새로운 선교전략을 전개해 나갈 필요성이 있다.
2. 이주노동자나 난민인 소수자는 물론, 오끼나와, 아이누, 재일동포 등의 오랜 역사성을 지닌 소수자에 대한 뿌리 깊은 차별과 후쿠시마 원자력발전소 방사능 피해자, 장애인, 생활 수급 대상자에 대한 차별의식 등에 대한 문제점을 해소해가야 한다.
3. 일본에서 태어난 2세, 3세의 재일 한국인과 한쪽편이 일본인, 다른 한쪽편이 재일 한국인인 양친 사이에 태어난 이전에는 하프라고 했지만 지금

은 소위 더블이라고 표현하는 자들이 증가하면서 그들이 교회 구성원이 되었다. 그리고 최근에 도일한 1세인 뉴컴머와 일본 국적을 취득하기 위하여 귀화한 한국인들이 교회 안에도 많은 수를 점유하고 있는 등 다양한 배경에 의한 재일교회의 포괄적인 정체성을 확립해 나갈 필요성과 과제가 대두되고 있다.

4. 여성의 지위와 역할도 강화시켜 가는 프로그램의 필요성도 하나의 과제이다.

5. 청년이나 학생 자신이 스스로의 정체성에 대한 확신을 가지고 자연 환경의 보전이나 주변화된 사람들에 대한 사회적 정의 등 세계적인 과제에 대해 확실히 언급할 수 있기 위해서는 그들의 자각과 의식을 환기시킬 필요성이 있다.

6. 전 세계에 흩어져 있는 디아스포라 한인들을 비롯하여 민족적인 소수자들의 네트워크를 구축해 나갈 필요성이 있다.

7. KCCJ와 선교협력 관계를 맺고 있는 본국 교회 및 해외 교회와의 실질적 연대와 교류를 추진하며 선교적 과제를 공유한다.

8. 에큐메니칼 단체와 효과적인 선교적 과제를 나누기 위해서는 KCCJ의 일꾼들이 국제 무대에서도 의사 소통을 원활히 해나갈 수 있는 차세대 인재 양성을 게을리해서는 안 된다. 특히 차세대에 신앙적 계승과 지도자 양성을 위해서는 전 세계에 흩어진 디아스포라 한인교회들이 서로 공유하며 과제를 나누어 갈 필요성이 있다.

메콩, 인도차이나에서의 에큐메니칼 협력선교

허춘중 선교사(태국기독교회총회(CCT) 에큐메니칼 선교 동역자)

1. 들어가는 말: 에큐메니칼 선교의 한 프로그램

지난 2015년 2월 1일부터 6일까지 라오스의 내무부, 경찰국, 정당의 국가재건위원회 종교담당 고위직 공무원 3명과 라오스복음교회총회(LEC) 목회자를 태국의 방콕과 치앙마이, 치앙라이에 초청하여 과거 선교사들에 의하여 설립되어 운영되고 있는 학교, 병원, 복지 기관을 방문하여 이 선교 기관들의 역사와 현재의 운영 상황과 사회발전에 끼친 영향 등을 돌아보고 태국교회 지도자들과 협의하는 기회를 가졌다. 이는 태국기독교회총회(CCT)가 라오스 교회를 에큐메니칼적으로 지원하기 위해 사회주의 국가인 라오스의 중요한 선교 주제인 "교회와 국가" "국가와 교회" 간의 이해의 폭을 넓히기 위한 한 프로그램으로 실시되었다.

　그 결과 방문에 참여한 3명의 라오스 고위직 공무원은 교회가 사회에 끼치는 좋은 영향력에 대하여 긍정적인 보고서를 작성하였고 이 보고서는 중앙 정부와 도 단위, 군 단위 공무원들에게 전달되었다. 이후 3월 2일부터 6일까지 태국의 목회자 48명이 라오스를 공식 방문하여 정부로부터 승인된 양국 간의 목회자협의회를 개최할 수 있었다.

라오스는 지난 1975년 사회주의가 된 이후 1991년 개정된 헌법에는 기독교를 포함한 종교의 자유를 인정하고 있지만 아직도 기독교에 심한 오해와 편견을 가지고 있다. 학생들에게 가르치는 교과서에 "기독교는 서구의 종교요, 자신들과 오랫동안 전쟁을 한 미국인의 종교로 라오스의 미풍양속을 해친다."라고 기술하고 있다.

2. 메콩, 인도차이나에 대한 상황인식

에큐메니칼 선교는 과거의 역사와 현재의 상황을 충분히 고려하는 선교이다. 메콩, 인도차이나의 나라들은 근현대사에서 오랜 서구 식민지배와 일본의 침략, 베트남 전쟁으로 일컫는 인도차이나 전쟁의 직간접 영향을 받았고 그 이후 나라마다 심각한 내전과 사회주의를 겪었다. 또한 이 지역에는 고대부터 수많은 제국과 왕조들의 흥망성쇠가 계속되면서 각 국이 때로는 전쟁과 대립을, 때로는 협력과 공존을 이루며 상호 복잡한 관계 속에 지배와 피지배를 반복하였다. 이런 역사적인 결과로 이 지역의 어떤 부분은 동일한 문화와 전통을 지니고 있고 어떤 부분은 매우 이질적이고 각기 독창적인 문화와 전통을 가지고 있다.

인도차이나의 오늘은 세계화 시대와 동시에 19세기와 20세기가 공존하고 있다. 많은 사람들이 스마트폰을 사용하고 페이스북 등을 자유롭게 이용하며 세상의 모든 정보와 지식을 접하고 있고 거리에는 고급 자동차가 즐비하게 다닌다. 그러나 국민의 절대 다수는 여전히 절망적인 절대 가난에 허덕이며 직업, 교육,

의료, 복지혜택 등의 기본적인 권리와는 거리가 멀고 여전히 부와 권력은 소수가 독점하고 있고, 국민들의 정치적 선택은 왜곡되게 반영되어 주권재민의 민주주의와는 거리가 멀다. 이에 대한 대안적 방법이나 대안적 세력도 없다.

이곳 사람들은 오랜 서구의 식민 통치와 전쟁과 내전, 사회주의를 거치면서 정통적인 역사관을 세우지 못한 관계로 역사의식이 부재하고 주권의식과 창의력, 진취성이 부족하며, 전통과 질서에 순종하라는 소승불교의 가르침이 권리의식과 저항정신을 억누르고 있다. 또한 많은 소수민족이 공존하며 다인종, 다문화, 다종교, 다언어의 다원적 사회를 구성하고 있다. 이런 이유로 사회 계급이 존재하고 주류와 비주류, 지배와 피지배 계급이 있어 이로 인한 차이와 갈등이 있다.

3. 지역에서 에큐메니칼 교회형성(Ecumenical Formation)을 위한 노력

1990년대는 동구 중심의 공산권의 변화가 전 세계를 새로운 시대로 이끌어 가던 시기였다. 중국의 개혁, 개방 이후 독일의 통일과 이어진 소련 연방의 해체는 이 지역의 베트남과 라오스를 변화와 개방으로 이끌었고 1993년 캄보디아는 최초의 자유 총선거를 실시하였다. 이런 변화에도 불구하고 각 국에는 아직도 전쟁의 상흔과 서구에 대한 적개심이 남아있고, 특히 기독교에 대한 경계와 감시, 탄압과 박해가 제도화되어 있었다. 각 국의 교회들은 오랫동안 숨죽여 살면서 그 활동이 위축되어 있었고, 교회는 생존하기에 급급한 상태로 여전히 정부의 탄압과 박해에 대한 두려움과 불신이 남아있었다. 또한 교회 지도자들의 신학적 이론과 목회를 위한 지도력은 부족하였고, 세계교회와 외부 세계에 대한 이해가 절대적으로 부족하였다.

이런 역사적, 상황적인 배경을 고려하여 1990년대 초에 세계교회협의회(WCC)와 아시아교회협의회(CCA)는 이 지역에 에큐메니칼 선교와 교회 간의 협력을 위한 VLC(Vietnam, Laos, Cambodia) 프로그램을 시작하였다. 이 프로그램은 우선 베트남, 라오스, 캄보디아의 교회 지도자들에게 에큐메니즘을 소개하고 이를 훈련하며 교회를 개척하여 조직을 갖추고 동시에 이들 교회가 성장하도록 선교 능력을 강화해주는 사회발전 프로젝트를 지원하는 것이었다.

궁극적으로 지역교회를 에큐메니칼적 교회로 형성(Ecumenical Formation)함으로써 자발적이고 지속적으로 에큐메니칼 운동에 참여하도록 자생력을 갖게 한다는 것이 목표였다. 제일 먼저 교회 지도자들을 찾아내서 목회자들 간의 대화 모임을 주선하여 교회가 사회 안에서 해야 할 선교과제를 인식하게 하고 교회의 성장과 발전에 대한 장단기적인 계획을 갖게 하고 이를 이끌어갈 지도력을 훈련하였다.

4. 메콩 에큐메니칼 협력 프로그램(MEPP)

아시아교회협의회(CCA)는 1998년부터 메콩지역교회들의 목회와 선교의 능력을 강화하고 에큐메니칼 교회를 지향하기 위하여 Mekong Ecumenical Partnership Program(MEPP)을 시작했다. 이는 중국의 운남성과 버마, 태국, 라오스, 캄보디아, 베트남 6개국을 사업권으로 삼고 지역의 공동과제와 각 국별로 필요한 사업을 나누어서 진행했다.

이에 MEPP는 각 국의 교회협의회(Council)와 회원총회(Member Church)의 사회선교 책임자로 구성된 프로그램 운영위원회를 구성하고, 매년 정기적으로 회의를 갖고, 이 지역의 에큐메니칼 선교의 중심 주제를 정하고, 새로운 사업 구상과 함께 평가회를 가졌다. 각 국의 교회의 능력강화(Church Empowerment)를 목적으로 7개의 중심적인 과제를 설정하였다.

1) 교회의 지도력 강화를 위한 훈련과 교육(Capacity Building)
2) 인권과 여성과 어린이의 존엄성, 권리의식의 증진
3) 난민, 국내난민(Internally Displaced People), 이주노동자선교
4) 빈곤퇴치와 기본적인 질병퇴치 – HIV/AIDS
5) 환경과 생태계의 보전
6) 국가와 교회 간의 이해증진
7) 교회연합과 일치, 타종교와의 대화

이 주제들은 메콩 6개국 교회들이 선정한 공동의 선교의 과제이며 동시에 세계교회가 바라보는 메콩 지역의 에큐메니칼 과제이다. 그러나 당사자인 이 지역 교회는 이 과제들에 대하여 이론적인 내용을 잘 모르고 있고, 인식조차 하지 못하고 있고, 신학적 해석도 부족하며, 현실적으로 해결해갈 능력과 경험, 재원이 없었다. 그 이유는 이 지역교회들이 오랜 기간 훈련된 교회 지도자를 양성하지 못했고, 신학교육도 절대 부족했으며, 이런 주제를 분석하고 담당할 교회와 사회의 전문 기관도 없는 상태이기 때문이다.

MEPP는 각 국 교회의 담당자를 대상으로 훈련, 교육, 협의 모임을 여러 차례 정기적으로 실시했다. 특별히 이 지역교회들에게 공통적으로 요구되는 인권 보호와 증진, HIV/AIDS, 사회발전 실무자 교육은 그 주제들의 보편성과 전문성

을 고려하여 중국의 애덕기금회(Amity Foundation)와 베트남 교회 대표들을 함께 불러 훈련하여 이를 확산 확대시키는 노력들을 통해 상당한 결실을 맺었다.

5. 각 국가별 에큐메니칼 협력 사역들

1) 캄보디아

캄보디아 교회의 특별한 상황은 전국에 흩어져 있는 교회들이 대부분 독립적인 교회들이라는 것이다. 따라서 전국적인 교단이나 교파가 형성되어 있지 않고, 총회나 노회 등의 조직이 없어 계획적으로 목회자를 양성하거나 교회 개척이나 건립이 이루어지지 않고, 신학이나 교리, 헌법이 체계적으로 없고, 선교와 목회의 정책이나 방향을 연구하는 등의 일반적인 기능이 없다. 따라서 교회를 대표하는 연합기관이나 기구, 협의회도 없거나 있어도 그 기능이나 영향력이 절대로 부족하다.

또한 일반적으로 목회자들의 신학교육의 수준이 너무 낮다는 것이다. 대부분 어떤 동기로 목회자가 되기를 결심하고 신학교 또는 성경학교를 다녔고 이를 토대로 교회를 세워서 목회를 하는데 대부분이 독립 교회로 가정에서 예배를 드리는 수준이다. 이런 경우 목회자로서 일반적으로 요구되는 신학적 안목이나 관점이 부족하고, 교회와 성도들을 목회적으로 돌아보는 능력이 부족하다. 이에 캄보디아 목회자들은 목회능력 강화를 위한 재교육을 많이 요청하였다.

이에 WCC 아시아국과 CCA의 VCL 프로그램의 노력으로 구성된 캄보디아기독교협의회(KCC)를 통하여 훈련된 교회 지도력을 세우고 교회의 연합과 일치를 위하여 오랜 여정을 거쳤으나 캄보디아 교회의 토양에서 끝내 좋은 결과를 맺지 못했다.

 이후 바닥에서부터 지역교회에 목회와 선교에 필요한 실질적인 도움을 주고 기본적인 에큐메니칼한 교회를 소개하고 참여의 기회를 줄 목적으로 프놈펜 시내에 "캄보디아교회 차세대지도자 훈련원"을 세워 목회자 약 400명이 참여하는 훈련을 실시하고 있다. 2012년에 세워진 이 훈련원은 성서신학, 실천신학을 중심으로 특별한 신학과 선교주제, 사회발전 전문가 교육과정, 교회학교 교사 교육, 청년과 여성 지도자 훈련 등을 실시하며, 매월 1회 약 30명의 목회자 대화 모임을 주선하여 에큐메니칼 형성을 위한 교제와 상호이해와 협력을 도모하고 있다.

2) 라오스

사회주의 국가 라오스는 1986년 이후 개방 개혁 정책을 펼치고 있다. 1991년 라오스는 헌법 개정을 통해 완전한 종교의 자유를 보장하였다. 현재는 정부가 인정한 유일한 개신교 교단인 라오스복음교회총회(LEC)를 중심으로 활발하게 교회 성장을 위한 지도자 훈련, 사회선교, 전문분야의 연구와 실천, 세계교회와의 협력과 교류가 이루어지고 있다. 특별히 LEC는 CCA와 WCC의 회원교회로 활동하며 각종 에큐메니칼 협의회와 교육, 교류 프로그램에 적절한 대표를 보내고 경험하게 하여 에큐메니칼 운동을 이해하는 인적자원이 풍부해지고 있다. 라오스에서 기독교는 국가로부터 감시와 통제, 규제의 대상이다. 이는 역사적으로 서구의 식민지배와 미국과 치른 전쟁과 그 전쟁 과정에서 기독교는 친서구, 친미로 보여졌기 때문이다. 1975년 사회주의화 이후 많은 기독교인들은 신앙포기 각서를 써야 했고, 교회 지도자들은 투옥되거나 난민이 되어 미국으로 재정착을 했고, 일반 성도들도 깊은 산속으로 집단 유배되어 고립된 생활을 했다.

이에 국가와 교회, 교회와 국가 간 상호긴장과 배타성을 가지고 공존하고 있다. 이런 상황에서 LEC는 교회의 신앙 정체성을 확립하고 교회가 지속적으로 성장하면서 교회의 대 국가, 대 사회적 이미지를 잘 심어주기 위해서 사회선교에 노력하고 있다.

라오스 교회가 라오스인들을 섬기며 봉사하는 라오스인의 교회인 것을 라오스인에게 심어주고 있다. 이런 목적과 지향점을 가지고 낙후된 어린이들의 학교들을 건축하는 사역을 많이 했다. 이는 라오스 정부의 국가발전의 핵심 사업으로 채택한 과제 중 하나인 2015년까지의 국민 교육의 질적 발전 계획에 맞추어서 문맹을 급격하게 줄이고 교육 환경 개선을 위하여 학교 건물을 신축하고, 각급 학교 교사들의 자질을 높이는 국가의 정책에 참여하면서 동시에 교회의 사회선교 활동을 강화하는 효과를 가져왔다.

지금까지 라오스의 18개 도(道) 중에 7개의 도에 15개의 초·중·고등학교를 건축하여 8,000여 명의 학생들이 새로운 교육환경에서 공부하는 혜택을 보게 되었다. 동시에 중앙 정부의 교육부와 관련부서, 도지사와 교육관련 공무원, 군 단위, 면 단위의 경찰과 정보관계 공무원들이 이 사역에 참여하여 교회에 대한 인식과 이해를 새롭게 하는 기회가 되었다. 무엇보다도 자라나는 학생들과 학부모, 지역주민들이 교회에 대한 이해를 새롭게 하고 감사하는 마음을 갖게 된 것이 큰 성과이다.

3) 버마[1]

1962년 이후 극심한 군사독재가 계속되고 있는 버마는 1830년대 이후 영국의 식민 지배의 영향으로 개신교 각 교파, 교단의 교회가 자기 완결적인 총회, 노회, 신학교 등을 가지고 있다. 또한 양곤의 MIT 등 유수한 신학교에서는 그동안 많은 신학자와 교회지도자를 배출하였고 YMCA, YWCA 등의 세계적이고 역사성 있는 에큐메니칼 단체, 선교단체가 활동하고 있다. 특히 미얀마교회협의회(MCC)는 19개 교단과 13개 기독교 단체가 회원으로 가입하여 오랜 역사와 전통을 가지고 에큐메니칼 협의체를 운영하고 있다.

그러나 현재 버마 교회는 군사독재 하에서 매우 제한적인 활동을 하고 있다. 1962년 이후 계속되는 민중의 저항에 대하여 직접 발포하여 사살하는 등 독재의 무자비한 탄압을 경험한 국민들과 교회는 이에 위축되고 움츠려져 숨죽이며 살고 있다. 특히 1988년 8월 항쟁 이후 1990년 4월 실시된 총선거에서 당시 강력한 야당인 NLD가 이겼음에도 불구하고 민주화를 이루는 데 실패한 후 무장항쟁과 내전 상태로 빠지면서 많은 지도자들이 죽거나 투옥되거나 난민이 되거나 해외로 망명을 하게 된 이후 그 활동이 더 위축되고 제한적이 되어 버렸다. 버마는 과거 아시아를 대표하는 문화적, 경제적, 군사적 강국이었으나 지금은 세계에서 가장 가난하고 낙후된 나라 중 하나가 되었다.

이에 MCC는 전통적인 도시산업선교(UIM)에 참여하고 있다. 도시 주변에 형성된 공장과 이에 몰려든 도시 노동자와 빈민지역에 어린이 선교, 청소년 선교,

---

[1] 버마에서 1988년 8월에 대규모 항쟁이 일어나 1990년까지 지속되다가 군사정부가 총선을 받아들여 1990년 4월에 실시한 총선에서 NLD가 승리해서 정권교체를 해야 했다. 그러나 군대가 선거 결과를 묵살하고 무자비하게 무력으로 항쟁을 진압한 후에 이미지 쇄신을 위해서 국명을 미얀마로 바꾸었다. 그 이후 버마의 민주화를 지지하는 이들은 버마라는 국명을 그대로 부르고 있다.

의료선교, 교육선교, 빈곤퇴치 선교를 하고 있다. 이를 수행하는 임마누엘 공동체(IU)와 함께 양곤의 서북부 라인다야 지역에 노동자들을 위한 예배와 교육, 삶의 공동체를 위한 센터를 세우고, 싸이카 공급을 통한 빈곤퇴치와 자립화 사역, 유치원과 방과 후 공부방, 노동자를 위한 의료선교와 교육 사역들을 실시하고 있다.

2008년 5월 양곤과 남부 텔타 지역을 강타하여 하룻밤 사이에 14만 명이 죽고 수백만 명의 피해자를 낸 사이클론 나기스의 영향은 이후 가족과 마을 공동체의 붕괴로 더 많은 국내 이주자를 낳았고 도시 집중화를 낳았다. 또한 600여 개의 교회 건물이 파괴되어 신앙공동체도 무너져 내렸다. 이 엄청난 재해를 복구하는 사역은 지금도 계속되고 있다. 정신적, 육체적 장애를 입은 사람들을 지원하고 도시로 이주한 사람들에게 쉼터를 제공하고, 일자리를 찾아주며, 교회 건축을 지원하고, 어린이를 위한 유아원과 방과 후 교실을 지원하며, 여성들에게 직업교육을 실시하고, 청년들의 해외 취업을 위한 언어교실을 운영하고 있다.

4) 메솟 지역 - 난민, 국내난민(IDP), 이주노동자

태국의 서부와 버마의 동부의 국경은 약 800Km로 이 국경지역에 약 100만 명의 버마 난민들이 갖은 고난과 고통을 감수하고 인내하며 살고 있는 것이다. 대부분 태국 영토 내에 살고 있는 저들은 고난과 고통 가운데 있지만 동시에 희망과 생명을 일구어 가고 있다. 비록 남의 나라에서 거주의 권리도 없이 불투명한 미래를 살고 있지만 저들은 서로 사랑하고 서로 돕고 격려하며 오랜 전통과 관습을 존중하며 지키면서 발전을 도모하며 언젠가는 돌아갈 자신의 땅과 조국을 그리며 정의와 평화의 공동체를 세울 꿈과 비전을 가지고 굳세게 살아가고 있다.

이 지역 메솟의 난민과 국내난민(IDP), 이주노동자들을 위한 에큐메니칼 협력선교가 진행되어 가시적인 결실을 많이 보고 있다. 첫째 신학교육이다. 이 지역의 난민캠프와 마을에 12개의 신학교에 학생 약 1,000명과 교수와 직원 120명이 공동체를 이루고 공부를 하고 있다. 이 신학교들은 신학교육의 발전을 위해서 매년 10월 4박 5일간의 신학교수세미나를 개최하고 있다. 이 세미나를 통하여 세계교회와 아시아 교회의 새로운 신학 흐름을 접하고 교수법을 진작시키며 서로 정보와 경험을 나누어 고립감을 면하고 신학교육의 일체감과 통일성을 기하고 있다. 또한 이 신학교들은 신학교수들이 한국, 필리핀, 인도 등으로 유학가는 것을 지원하고, CCA 등 에큐메니칼 협의회에 참여할 기회를 제공하고, 신학교육에 필요한 제반 자료와 필수품을 제공하고 있다.

둘째 목회자 재교육이다. 이 지역의 교회는 그 신분이 난민이라는 특별한 상황에 맞는 목회 프로그램을 행하고 있다. 대부분의 교회가 청소년을 위한 기숙사를 운영하고 있으며, 교인들과 주민들의 인권을 보호하는 사역, 가난과 빈곤을 퇴치하고 소득을 증대하는 사역 등 교인들의 영적 상태뿐만 아니라 사회전반의 문제를 목회의 과제로 행하고 있다. 따라서 특수한 상황에 적응되는 목회를 위한 훈련이 요구된다.

셋째 학교교육이다. 난민이라는 신분 때문에 어린이들의 학교 교육이 원만하지 않다. 우선 어린이들은 난민이라는 신분과 태국어 능력 부족, 그리고 학비를 낼 수가 없어서 태국의 정규 학교에 갈 수 없다. 이에 뜻있는 학부모와 교사, 교육관련 NGO들이 세운 학교가 이를 대신하고 있다. 이 지역에 8개의 난민학교를 건축하고, 더욱 안정적이고 발전적인 학교가 되도록 교사의 능력을 고양하는 세미나 개최, 커리큘럼 개발, 교육 기자재, 학용품, 약품과 식량 제공 등의 방식으로 학교 운영에 참여하고 있다.

넷째 기숙사 지원이다. 특수한 상황에 있는 어린이들의 학교 교육을 위해서 난민들의 학교와 교회들이 기숙사를 운영하는 경우가 많다. 집이 멀거나 부모가 없거나 편모, 편부일 경우, 부모나 가족과 떨어져 버마에 사는 어린이의 경우 어릴 때부터 기숙사에 살고 있다. 이 기숙사들의 생활환경 개선과 학습효과를 높이기 위하여 제반 필요를 지원하고 있다.

다섯째 빈곤퇴치를 위한 암소은행, 양곡은행이다. 가난과 빈곤은 모든 문제의 근원이다. 가난하여 자녀들이 학교를 못가고, 가난하여 병을 치료 받을 수 없고, 가난하여 자신의 꿈과 비전을 포기하는 사람들이 많이 있다. 지속적으로, 공동체적으로 기획된 빈곤퇴치 프로그램으로 암소은행과 양곡은행이 있다. 이는 교회가 지역사회와 마을 공동체의 중심에서 지도력을 발휘하여 주민들을 주체적으로 교육, 훈련하는 중요한 성과를 내고 있다.

여섯째 의료선교이다. 지역의 난민을 위한 무료병원이 메타오병원과 협력하여 기초의료종사자를 전문적으로 양성하는 훈련 프로그램에 협력하여 훈련받은 의료 종사자들이 마을과 지역단위에서 의료 활동을 하게 하고, 동시에 공동체의 지도력을 발휘하도록 지원하고 있으며, 높은 산속 마을과 버마 국경 안에 낙후된 지역 약품을 제공하는 사역을 하고 있다.

일곱째 인재양성을 위한 장학금 지원이다. 기독교가 소수종교인 사회에서 기독교인의 사회적 영향력을 높이기 위하여 대학에 진학하여 전문분야의 학문을 통하여 장래에 지도자가 될 수 있는 청년들에게 장학금을 지원하고 있다. 그동안 난민 신분으로 열심히 공부하고, 정해진 절차를 거쳐서 태국의 대학에 진학하여 변호사, 간호사, 교사, 환경전문가, 신학교 졸업 후 전도사로 섬기고 있는 인재들이 30여 명에 이른다.

여덟째 교회 건축이다. 이 지역의 교회는 마을과 공동체의 중심으로 복음전파도 열심히 하고 있다. 교회가 성장하여 장소가 너무 협소하거나 교인들이 너무 멀리서 와서 분립을 해야 하는 경우, 오래 전에 지은 건물이 너무 낡아서 다시 지어야 하는 경우도 있다. 이렇게 열심 있는 교회와 성도들이 교회건축을 요청할 때 지원을 하면 헌당을 하는 기쁨이 있다.

아홉째 버마 귀환 후 마을공동체 만들기이다. 버마는 2008년 헌법 개정 이후 2010년 첫 번째 총선거를 거쳐서 형식적, 절차적 민간정부로 이양을 하고 있다. 이제 2015년 11월 두 번째 총선거를 할 것이며 이 선거가 자유롭고 공정하게 진행되면 버마 민주화는 더 진전이 있을 것이다. 민주화와 자유화의 기대에 즈음하여 난민들 중에 자기 땅으로 돌아갈 채비를 하거나 실제로 돌아가는 경우가 생겨나고 있다. 이때 귀환하는 난민들의 삶의 터전을 마련하기 위한 마을 공동체 만들기 사역을 하고 있다. 주택, 농지, 학교, 유치원, 병원 및 의료시설, 정수시설, 교통수단, 교회 등 한 마을 공동체가 완결적 요소를 갖추기 위해서는 많은 것들이 필요하다. 지난 30년 이상 난민으로 살아 온 저들에게는 많은 것이 필요하다. 이에 이 마을들을 세워가기 위한 각 부분의 지도력을 훈련하는 사역을 하고 있다.

6. 나가는 글: 에큐메니칼 협력선교에 대한 이해

에큐메니칼 협력선교는 선교지의 교회와 특히 교회 지도자들과 상호 충분히 협의하고, 상호 존중하며, 합의된 결론을 가지고 지속적으로 협력하는 선교. 선교지의 교회란 "주도 하나이요, 믿음도 하나이요, 세례도 하나이요, 하나님도 하나이시니 곧 만유의 아버지이시라 만유위에 계시고 만유를 통일하시고 만유 가운데 계시도다."(엡 4:4-6)라는 성경 말씀대로 한 주님, 한 믿음, 한 세례, 한 하나님을 같이 신앙을 고백하는 교회이며 우리는 한 형제, 한 자매인 것을 고백하는 교회이다. 이 교회는 총회와 총회 간에 상호 선교 협정을 맺는 교회일 수 있고, 세계 교회들의 공교회 협의체나 목적을 같이 하는 선교 단체에 회원으로 함께하는 교회들이다.

에큐메니칼 협력선교를 위해서는 세계에 흩어져 있는 교회들과 한 그리스도를 고백하는 형제애와 동질성을 더 확인해야 한다. 세계의 교회들은 역사적, 문화적, 경험적인 차이 때문에 각기 다른 전통을 가지고 있으므로 이 다른 전통을 존중하고 인정해야 한다. 또한 선교지 교회는 자신들의 민족을 향하여 자신들의 문화와 전통을 고려하여 세운 선교정책, 목적과 목표, 방향과 방법이 있고 선교 열정과 역량을 가지고 있다. 우리는 이 모든 것들을 인정하고 존중할 때 진정한 협력이 일어날 수 있다.

그리고 함께 협력하여 선교의 목표인 모든 사람들이 하나님의 구원받은 백성이 되도록 복음을 전하여 정의와 평화가 실현된 하나님의 나라를 만들어 가는 선교와 특별히 사회적 약자들의 권리를 보전하고 증진시키는 에큐메니칼 협력선교에 헌신하는 것이다. 아무런 신학교육의 배경도 없이 당당히 주일 예배를 인도하며 성경말씀을 설교하고 가르치며 아무런 사례도 없이 성도들과 똑같이 농사를 지으며 가난하게 살면서 국가 권력의 감시와 위협 속에도 굽힘이 없이 죽으면 죽으리라고 주님을 증거 하는 라오스 교회의 평신도 설교자들이 우리의 에큐메니칼 협력선교의 동역자이다.

교인은 100여 명이 모이는데 교인들이 너무 가난해서 한권에 10달러면 살 수 있는 성경, 찬송가를 가진 성도가 10명이 되지 않고, 문맹률이 높아 글자를 모르는 성도가 많아서 성경공부를 할 수가 없고, 제대로 말씀을 전할 수 없는 처절한 처지에 있는 캄보디아 교회가 우리의 에큐메니칼 협력선교의 동역교회이다. 도시의 평지에서 3-4시간을 특수 차량으로만 갈 수 있고 길도 없고 전기불도 없는 깊은 산속에서 매 주일 1시간씩 산길을 걸어와 다른 동네에 있는 교회에 와서 예배를 드리며 진정으로 주님을 사모하고 말씀을 사모하며 예배를 사모하는 태국의 소수민족 교회의 성도들이 우리가 에큐메니칼 협력선교로 섬겨야 할 성도들이다.

동아프리카 장로교회(PECA)와의 에큐메니칼 협력선교

이원재 선교사(케냐, 동아프리카 장로교회 선교 동역자)

케냐라는 선교지의 상황에 대한 이해

케냐의 기독교 인구는 공식적인 통계에 의하면 전체 인구 4천만 명의 약 82%를 상회한다. 실제로 예수의 이름을 들어보지 못하였거나 누구인지 모르는 사람은 거의 없다고 보아도 무방하다. 사하라 이남의 다른 아프리카 국가와는 달리 로마 카톨릭이나 오순절 계통의 기독교보다는 정통 개신교회의 교세가 강하다. 어떤 의미에서 보면 교회개척이나 복음전도를 선교의 목표로 이해하는 복음주의 선교관점에서는 케냐는 더 이상 선교사가 필요치 않은 지역이다. 아이러니한 것은 복음주의 선교관을 가진 보수교단과 선교단체에서 더 많은 선교사를 끊임없이 케냐에 보내고 있다는 것이다. 마치 복음화가 미미한 개척지에 선교사를 보내는 것처럼 말이다. 이들을 통해 해마다 다녀가는 단기선교팀들의 숫자 또한 엄청나다. 이들이 전도지를 주면 현지인들은 호기심 어린 얼굴로 기쁘게 받는다. 이들이 드라마나 태권도 시범, 영화를 보여주면 기쁘게 관람해준다. 단기선교팀은 선교지에서 그들의 선교를 이행하는 것이고, 관람에 참여하는 현지 교인들은 외국에서 오신 손님들을 위해 동원되어 구경해준 것이다. 필자가 아는 어떤 선교사가 세운 지역교회에는 적어도 수천 명이 그렇게 다녀갔다. 언젠가 필자가 가르치고 있는 케냐 장로교신학대학교에서 한 신학생이 질문하기를 어떤 한국선교사가 자신이 사역하는 지역에서 교회를 하는데 매년 두 번씩 콘테이너로 한국 물건들을 가져다가 나누어 주는 바람에 자신의 교회 교인들이 상당수가 그리로 가버렸다며 "이래도 되는 것이냐"고 불평을 했던 것이 잊히지 않는다. 그 선교사는 한국에서는 아프리카 선교를 잘한다고 영웅시되어 상도 받고 선교학 박사학위도 받은 분이다.

에큐메니칼 선교에 빠져들다

필자가 1997년 총회선교사 파송훈련을 받고 선교사가 되기 이전에는 '에큐메니칼'이라는 용어의 의미조차 알지 못했다. 1980년대에 신학교에 다닌 필자는 '에큐메닉스'라는 용어가 신학교의 선택과목 이름이었는지, 책 제목이었는지조차 가물가물할 뿐이었다. 당시에 필자가 생각했던 선교는 교회개척, 현지인 목회, 예수를 모르는 현지인에게 복음전도하기 등 이런 것들이었다.

이런 생각에 변화를 가져올 수밖에 없었던 충격을 받은 것은 함께 총회 선교훈련을 받던 동료 선교사를 통해서였다. 훈련에 들어오기 3년 전에 체코에 선교사로 갔지만 아직 상호협력관계를 맺지 않은 상태에서 한 쪽에서 일방적으로 다른 나라에 선교사를 파송하는 것이 교회일치의 정신에 맞지 않다고 판단한 그는 총회파송 선교사라는 신분 얻기를 접어두고 먼저 체코교회와의 관계 설정을 하기 위해 일반인의 신분으로 그 나라에 들어갔다는 것이었다. 그러한 생각과 실천을 보고 놀란 마음으로 그 분과 교제를 이어가면서 에큐메니칼 선교에 대한 눈이 조금씩 열리기 시작했다. 선교훈련을 마치고 현지답사로 케냐를 다녀가는 길에 우연히 비행기 옆 좌석에서 만난 대만의 교회지도자와 대화를 하게 되었는데, 남의 나라에 들어와서 무조건 자기 방식대로 선교하는 것은 '침략'이라는 다소 격앙된 표현을 접하게 된 것 또한 내게는 잊혀지지 않는 사건이었다.

필자가 케냐에서 현지 교단과 협력하게 된 것은 처음부터 의도된 것은 아니었다. 필자를 초청한 PCEA교단의 초청장을 받은 것은 당시 기장(한국기독교장로회) 케냐 선교사로 사역했던 선배 선교사를 통해서였다. PCEA교단은 이미 기장과 정식 파트너십을 가지고 있었고, 예장통합교단과는 아무런 협력관계도 없는 상태였다. 당시의 세계 선교부가 에큐메니칼 선교의 관점에서 필자를 케냐로 파송한 것은 아니었다는 것이 지금의 판단이다. 현지교회의 초청장이 있고, 후원교회가 있고 본인이 가겠다고 하니 보내준 것이었다.

필자가 협력사역하게 된 PCEA교단은 모라토리엄(Moratorium)을 주창했던 존 가투(John Gatu)가 총회장을 했던 교단이다. 케냐 인구의 약 10%에 해당하는 4백만 명 정도의 구성원을 가진 초대형 교단 중의 하나이며 명실공히 단일 장로교단으로는 세계 최대의 교단이다. 선교사들에게 돌아가 달라고 했던 이 교단에서 필자가 만난 거의 모든 사람은 결코 선교사에게서 거부감을 느끼는 사람들이 아니었다. 오히려 선교사를 환영하고 반가워하며 자신들의 노회, 교회로 끌어가려고 경쟁하였다. 노회에 참석할 때는 필자를 배려하여 부족어(기쿠유어) 대신 영어로 회의를 진행하고 예배시간에도 영어를 섞어가면서 이방인인 필자를 배려하는 형국이었다. 필자보다 먼저 케냐에 와서 선교사역을 하고 있던 선배 선교사들 가운데는 PCEA교단과의 협력에 대한 불신과 거부감을 가지고 계신 분들도 있었다. 이유는 선교사들을 쫓아낸 교단이라는 것이다. 지금 생각해보면 상당 부분이 오해와 그릇된 선입관에서 비롯되었다고 여겨진다.

미션 임파서블(Mission Impossible)?

케냐에서 한국 선교사들의 다양한 사역의 형태와 방법들을 보아왔고 또 전설처럼 전해지는 많은 이야기를 들어왔다. F 교단에서 온 선교사는 땅을 기증받아 수십만 불을 들여 신학교를 건축하였다가 기증자에게 통째로 다시 빼앗겼다. 또 다른 K 선교사는 신학교를 팔고 떠나려다 못 팔고 현지 이사들에게 맡겨두었으나 결국 현지 이사들이 신학교를 팔아서 나누어 가졌다는 후문이다. 어떤 한국선교사는 다른 한국 선교사가 건축하고 현지인 전도자에게 이양하고 떠난 교회를 전도자에게 일정액을 주고 사들여 자신의 치적으로 삼는 경우도 있었다.

자신이 급여를 지불하며 목회를 대행하게 하던 전도자들에 의해 노동청에 고발을 당하는 경우, 신학교육을 받지 못한 독립교회 전도자들에게 간단한 교육을 하고 안수를 주어 군소교단을 만들고 이를 바탕으로 선교후원을 확대해 나가는 경우, 열심히 교회를 개척하였으나 결국 하나의 군소교단으로 연속성이나 체계를 갖지 못하고 흩어지는 경우, 현지교회나 교단의 자산 가치는 미미한데 선교사나 그가 속한 선교단체의 재산은 크고 화려하여 현지교회로 하여금 상대적 박탈감을 느끼게 하는 경우 등 이 모든 헝클어진 선교의 함정 속에는 공통점이 있다. 그것은 건실한 현지교단과의 협력 없이 독자적으로 운영해오던 선교 사역이었다는 것이다. 실로 "네 시작은 창대하였으나 네 나중은 미미하리라." 그것이 케냐에서 필자가 보아온 한국선교의 자화상이었다.

에큐메니칼 선교사로의 발돋움

배움의 지난한 과정: 1998년 8월에 PCEA 교단의 총회장이었던 제시 카마우(Rev. Dr. Jessy Kamau) 목사를 처음 접견하였을 때 그분의 조언이 잊히지 않는다. 파트너십에 관하여 이야기하는 필자에게 교단 헌법과 역사책, 예전 집을 주면서 일단 시간을 갖고 차분하게 읽어보라고 하였다. 한국교회 지도자들은 파트너십을 하자고 하면서 서로에 대해 알고 배우려는 노력이 너무 부족하고, 자신들을 한국에 초청해서는 그저 밥 사주고 관광시켜 주는 것으로 일관해서 관계가 별 발전도 없고 의미도 없다는 것이었다. 그때로부터 PCEA 교단과 우리 PCK가 선교 파트너십을 맺기까지 필자는 10년을 기다려야 했다.

노회활동과 교구목회

필자의 에큐메니칼 사역의 첫 단계는 지역교회의 일원으로서 그들의 교회를 알아가는 일이었다. 부족어는커녕 영어도 제대로 안 되는 상황에서 매달 열리는 노회에 참석해 4-6시간 계속되는 회의에 '꿀 먹은 벙어리'처럼 앉아 그저 눈만 껌벅껌벅한 세월이 여러 해였다. 그러다가 어느 틈엔가 필자는 그들 중에 유일한 외국인이기는 했지만 더 이상 주목의 대상이 아니었고, 그저 노회 소속 총대 중 한 명일 정도로만 인식되는 수준에까지 이르렀다. 외국인으로서의 특별한 존재감이 거의 불식된 것이다. 여전히 특별하기는 했지만 그래도 어떤 특권의식이나 우월의식은 없어졌고, 오히려 필자의 존재는 그저 설교와 기도에조차 어눌한 그들의 동역자 중의 한 사람일 뿐이었다. 이러한 과정을 통해 현지교단의 회의를 통한 의사결정과정, 교회운영 방법, 각종 예전과 의식의 방식 등을 제대로 배우고 익히게 되었고, 종국에는 교구목사(Parish Minister)가 되었다. 모라토리엄을 주창했던 교단에서 외국인으로는 최초로 그리고 아마도 최후로 교구목사가 된 것이다. 리무르노회(Limuru Presbytery)의 총대와 목사의 한사람으로서 지역 내에 있던 난민캠프를 돕고, 고아원을 설립하여 노회 산하에 두고 운영해오고 있다. 현지의 필요에 기반을 둔 사역을 하지만 철저하게 그 교단의 이름과 감독과 대외적인 책임 아래 사역을 해나가는 것이다.

신학교수 사역

매달 적어도 1회 이상 소집되는 노회(연 2회 소집되는 한국의 장로교회와는 다름)에서의 활동과 현지인 목회를 통해 얻은 수확은 신학교육현장에서 큰 도움이 되었다. 한국과 서구에서 배운 신학지식만을 전달하는 교육이었다면 신학교수 선교사로서의 필자의 존재 이유는 더더욱 미미했을 것으로 생각한다. 신학교육 사역을 통해 교단의 지도자가 될 많은 사람을 만나고 그들과 교류하는 것이 가능해졌다. 15년 정도 지나니 교단 소속 목사의 약 40%가 한 때 필자의 학생이었던 사람들로 구성되었다. 그들의 초청에 따라 설교하고 강의하고 협력해서 사역하는 일들이 조금씩 늘어갔다. 이러한 과정에서 필자가 발견한 것은 이 교단이 크고 강력한 교단이기는 하지만 여전히 부족이나 국가의 경계를 넘는 타문화권 선교에 대한 관심이 미미하고, 전체 인구의 절반 이상을 차지하는 어린이와 청소년을 대상으로 하는 기독교교육이 제대로 이루어질 만한 인프라를 갖추고 있지 못하다는 점이었다. 이는 다른 아프리카 국가들에게도 다 같이 해당되는 내용이다.

기독교교육학과와 연구소 설립

필자가 아는 한 아프리카 전역에 기독교교육학과를 운영하는 신학교는 거의 없다. 교단별로 만들어진 교회학교 학생들을 위한 공과가 없고 교사들을 위한, 제대로 된 교재마저 거의 없는 것이 현실이다. 또한, 케냐의 경우, 초등학교부터 고등학교까지의 교육과정에 정식으로 종교교육과목(CRE)이 있지만, 그저 아무 교사나 자기 나름대로 가르치는 형편이다. 이런 분야야말로 한국교회가 아프리카교회와 교류하며 우리가 가진 중요한 자산을 나눌 수 있는 부분이다. 현재 필자가 사역하고 있는 PCEA 교단 소속의 종합대학(2008년에 신학교에서 종합대학으로 발전) 내에 기독교교육학과와 기독교교육 현장을 지원하기 위한 연구소 설립이 진행 중이다. 이는 한국의 지역교회인 주님의 교회(박원호 목사)가 후원하고 협력하여 가능하게 되었다. 이 프로젝트는 세 단계로 나누어 진행될 예정이다. 첫 단계에서는 5년간 자료를 수집하고 교육과정을 개발하며, 교수진을 양성하면서 한국과 미국으로부터 방문교수들의 협력을 받아 운영된다. 두 번째 단계는 양성된 현지인 교수들과 함께 연구소를 운영하며 인프라를 구축하고 마지막 단계에서는 현지교단이 운영의 주체가 되고 한국교회는 돕는 자로 참여한다. 프로젝트를 위한 재정은 주로 한국교회가 제공하지만 건축부지와 건축, 교육과정 작성, 학생모집과 학과 운영 등의 모든 과정은 현지교회의 총회와 대학 당국이 공동으로 진행한다.

케냐에서의 에큐메니칼 선교의 의미와 난제들

에큐메니칼 선교가 필요한 이유

다른 나라에 들어가 주인 노릇하며 제 소견에 옳은 대로 무엇을 하는 것이 아니라 오히려 현지교단의 구성원이 되어 그들의 지도와 통제를 따르며 협력하는 에 큐메니칼 선교는 여러 가지 장단점을 가진다. 일단은 현지교단의 배려와 법적인 보호를 받는다. 이민국의 까다로운 절차들이 한결 수월해진다. 무엇보다 필자가 중요하게 생각하는 것은 사역의 연속성과 교회의 하나 됨이 보장된다는 것이다. 선교사가 하던 사역을 중단하게 되어도 그 사역 자체는 현지교단에 의해서 중단됨이 없이 계속될 수 있고, 선교사의 왕성한 사역이 하나의 새로운 교회세력으로 등장하여 현지교회가 사분오열, 난립하게 되는 일을 방지할 수 있다.

  2세대, 3세대를 이어 갈 수 있을지 보장이 안 되는 현지사역에서 신학교를 세우고 교단을 세우고 하는 일들을 사역의 연속성과 교회의 일치라는 측면에서 생각해보면 너무나 자명한 이치이다. 선교사 당대를 잘 보내고자 엄청난 투자를 하고 진력하지만 결과는 선교지의 교회 분열을 조장하게 되거나 재산권의 문제가 생기고, 언젠가는 흔적도 없이 사라지게 되는 경우가 비일비재하다. 필자가 선교사로 케냐에 처음 왔을 때(90년대 후반)는 한국인 선교사가 운영하는 신학교가 8-9개나 되었다. 지금은 1-2개를 제외하고는 대부분 문을 닫았다. 한국교회는 신학교에서 목사만 길러내면 교회가 확장되고 복음이 더욱 왕성하게 전파될 것으로 믿는 것 같다. 현지의 경험으로 보면 순서가 잘못되었다. 교회가 잘 성장하고 그중에서 충분히 검증된 사람이 목회자가 되어 다시 교회를 섬기어야 하는데 한국선교사가 세우는 신학교에 오는 학생들은 그러한 검증과정을 거친 사람들이 아니며 졸업을 해도 목회지가 없거나 교회를 개척할 처지가 아닌 경우가 대부분이다.

에큐메니칼 선교의 어려운 점

무엇보다도 현지교회와 에큐메니칼 선교에 대한 이해의 차이가 너무나 뚜렷하다. 케냐의 현지교인들이나 신학생들 혹은 목사나 교단의 지도자들마저도 선교는 건물을 짓는 프로젝트 자체라고 생각하는 경우가 많다. 프로젝트가 없는 선교는 이들에게 선교가 아닌 것이다. 말이나 학문으로만 전해지는 선교는 선교가 아닌 것이다. 그렇게 생각하게 되면 결국 선교는 일방적인 것이 되고, 케냐 교회는 무조건 '받는 교회'로 존재하게 된다. 그러한 인식은 아마도 대부분의 한국의 지역교회들이 생각하는 선교와 많이 다르지 않을 것이다. 부유한 교회가 선교지의 가난한 자들을 돕고 구제하는 차원에서 선교를 생각하는 경우가 많다. 한마디로 힘의 불균형에서 오는 선교에 대한 인식의 차이를 극복하기 어렵다는 것이다.

두 번째로 어려운 점은 에큐메니칼 선교는 귀족적이 될 가능성을 농후하게 가지고 있다는 것이다. 한국교회의 교단을 대표하는 자로서 늘 현지교회의 최고 지도자들을 상대하다 보면 풀뿌리 교인들과 협력하며 하나님의 나라 사역에 함께 나아가는 것이 어렵다. 마치 외교적 의미의 대사가 된 기분이 들 때도 있다.

세 번째로는, 에큐메니칼 선교가 교단 간의 협약에 따라 이루어지는 선교이지만 여전히 개인 선교사의 네트워킹 능력과 자원의 동원능력에 의해 선교의 내용과 방향이 좌우된다는 점이다. 양쪽 교단의 철저한 논의와 방향설정, 감독이 전제되지 않는 한 에큐메니칼 선교 역시 지지부진하거나 한쪽 방향으로 치우칠 가능성이 크다는 생각이 든다.

네 번째로, 에큐메니칼 선교는 선교사를 보내는 교회나 선교사의 철저한 자기 비움(Kenosis)이 필요한데 한국교회는 그것이 어렵다. 순종으로서의 선교가 아니라 주장(Control)으로서의 선교의식이 여전히 강하기 때문이다.

다섯 번째로는, 시간과 인내가 필요한 경우가 많다는 점이다. 사역이나 프로젝트의 목적에 대한 이해와 관점의 차이, 일을 진행하는 방법에 대한 차이 등에 있어서 만일 현지교회 없이 독자적 선교단체나 선교사로서 진행하였으면 필요하지 않았을 절차와 기나긴 줄다리기 과정에서 일을 진행하는 선교사나 후원교회가 지치게 된다. 물론 이것은 생명이 태어나는 과정에서 산모가 겪는 고통과 마찬가지로 피할 수 없는 과정이다. 단지 양쪽을 조율하는 것이 너무나 어렵다는 생각이 들곤 한다.

케냐에서의 에큐메니칼 선교의 전망과 제언

하나님의 선교의 관점에서, 기독교 인구가 많다고 해서 케냐가 선교지에서 제외될 수는 없다고 생각한다. 물론 같은 의미로 한국 역시 여전히 선교지이다. 그러나 케냐의 교회는 단순히 피선교지의 교회만은 아니다. 하나님의 나라를 함께 이루어가는 동역 교회로서 세계 복음화와 하나님의 나라 건설의 동반자이다. 한국교회가 개교회 차원이나 개인 선교사를 통하여 유여한 자원을 쏟아 부으며 독자적으로 선교하여 결과적으로 케냐의 교회를 어지럽히게 되는 것은 바람직하지 않다. 필자의 미미한 경험에서 나온 분석이지만, 선교현장을 잘 살펴보면 정말 세밀하게 잘 계획된 도움이나 협력이 아니라면 오히려 문제가 되는 경우가 많았다. 이런 일들을 방지할 수 있는 좋은 선교의 모델이 에큐메니칼 선교이다. '현지 교회는 흥하고 한국교회와 선교사의 흔적이나 영향력은 쇠하여야' 하리라. 또한, 선교사 개인의 능력과 이해에 의존하는 선교가 되어서는 제약점이 많을 것이다. 선교사를 감독하고 지도하며 전문적인 지식과 일관되고 확실한 재정지원, 교단 지도자들 간의 충분한 협의와 감독에 의한 조직적인 협력이 요청된다.

영등포노회·가나장로교회·독일 팔츠주교회의 에큐메니칼 협력선교

이명석 선교사(가나 에큐메니칼 선교 동역자)

세 교회가 에큐메니칼 협력선교를 하게 된 배경

다른 유럽국가에 비해서 뒤늦게 산업화 과정을 거친 독일은 식민지쟁탈전에 후발 주자로 등장하여 제일차세계대전이 일어나기 전까지 전 세계에 6개의 식민지를 보유하고 있었다. 독일이 패전하면서 독일령의 식민지들은 각각 전승국들에 분배가 되었다. 현재 서부 아프리카의 가나 동부지역과 토고가 토고랜드로 불리던 그 식민지 중의 하나였다. 1828년 독일어권의 바젤 선교회 소속 선교사들이 가나에 들어오게 된 계기로 가나에서의 복음화가 남부지역을 중심으로 급속하게 이뤄졌다. 이런 역사적인 친밀한 상호관계를 배경으로 독일 서남부에 위치한 팔츠주교회와 가나장로교회 간에는 1980년대부터 이미 가나의 중부와 서부지역 노회들과 에큐메니칼 선교협력의 일환으로 평신도 훈련과 조산원, 학교 등의 프로젝트를 지원하고 있었다.[1] 1997년 이후부터 팔츠주교회는 여러 가지 원인으

---

1 독일 팔츠주교회(Protestant Church of Paletinate in Germany)는 가나장로교회(Presbyte-

로 인해 주된 교회재정수입이던 교회세가 줄어들자 자신들의 재정역량 안에서 지속적인 선교 사역을 하기 위해서는 적절한 지역 안배가 필요하였다.[2] 그래서 가나장로교단으로부터 가나 동부 쪽에 새로 설립된 볼타 노회에 대한 선교협력제의가 왔을 때 아직 가나교회와 직접 협력관계를 맺고 있지는 않지만 아프리카 선교에 관심이 있는 한국교회와 연결해주려는 시도를 하게 되었다.

독일 팔츠주교회는 이미 1984년부터 PCK총회와 교류협력을 맺고 있었지만 교단 간의 의례적인 교류보다는 실제적인 지역교회와의 협력 관계를 맺고자 노회차원의 파트너십 관계 맺기를 희망하였다. 1970-80년대 영등포산업선교회 총무를 역임한 인명진목사와 이 기간에 독일 팔츠주교회 선교부 총무로서 한국민주화운동에 지대한 관심이 있던 친한파 게르하르트 프리츠 목사[3]의 개인적인 유대관계는 양국교회 간의 공동관심을 구체적으로 실현하는 결정적인 계기가 되었다.

영등포노회는 게르하르트 프리츠 목사의 제안으로 촉발된 한국과 독일교회 간의 선교협력 건에 대하여 1999년 9월 6일 '83회 노회'에서 독일 팔츠주교회와 자매결연을 승인하였다. 이후 서로 몇 차례 교환방문을 통해서 2000년 5월 2일 '84회 노회에서 '한·독교회협력위원회'가 발족하였다.[4] 2000년 10월 31일 열린 '85회 노회에서는 팔츠주교회가 소개한 가나장로교단의 볼타노회와 자매결연을

rian Church of Ghana)와 대한예수교장로교(Presbyterian Church of Korea)외에 인도네시아 파푸어 복음교회와 볼리비아 복음루터교회와 선교연합관계를 맺고 있다.

2 Presbyterian Church of Ghana, *Report for 2009, presented to the 10th General Assembly*, (6, August, 2010), p. 428.

3 게르하르트 프리 츠목사는 지난 1972년 독일 개신교 교회와 선교협의회(EMW) 아시아 담당 데스크를 맡게 되면서 처음 한국을 알게 되었다. 그는 1970년대 한국 내 민주화 투쟁 과정에 깊은 관심을 갖고, '억압받는 민중'에 대한 연대를 표명하는 단체에 재정적 뒷받침과 한국정부에 압력을 행사하기도 했던 독일교회의 대표적 친한(親韓) 인사이다. http://www.pckworld.com/news/articleView.html?idxno=8347 2012년 11월 6일 열람

4 영등포노회, "한독가교회협력위원회 역사," 미간행 자료집 (2010), p. 1.

맺기로 결의하였다. 이에 기존의 '한·독교회협력위원회'는 삼국교회 간의 선교협력을 전담하는 '한·독·가교회협력위원회'로 확대 개편되었다.

이 '한·독·가교회협력위원회'가 주축이 되어 삼국교회 선교협력의 중요한 한 축이 되었다. 실제적인 에큐메니칼 선교협력의 경험이 거의 없었던 영등포노회로서는 '한·독·가교회협력위원회'를 통해서 개교회 중심적인 한국교회의 세계선교가 에큐메니칼 협력선교로 이뤄지지 못한 단점을 극복할 수 있었고, 또한 복음적인 특징을 보인 한국교회가 오랜 선교전통을 가진 독일교회와 선교지 교회의 특성을 지닌 가나교회와의 관계를 지속할 수 있었다. 그간의 영등포노회의 삼국교회 에큐메니칼 선교협력을 반추해 볼 때 '한·독·가교회협력위원회'의 역할은 서구교회처럼 노회 단위에 에큐메니칼 전담인력이나 기구가 없는 한국교회로서 에큐메니칼 선교를 추동해 갈 수 있는 좋은 현장 모델이 되었다고 본다. 영등포노회가 독일 팔츠주교회와 가나의 볼타노회와 진행한 선교협력은 그간의 익숙한 양자 간 (Bilateral Relationship)선교가 아니라 선교 역사상 유래를 보기 드문 삼자 간 (Trilateral Relationship)선교의 형태를 이루게 되었다. 이러한 형태의 선교협력은 가나와 한국교회뿐만 아니라 선교의 오랜 전통을 가진 독일 팔츠주교회에도 처음 해보는 아주 새로운 도전이었다. 하지만 무슨 일이든 처음 해보는 것에는 시행착오와 예기치 못한 상황을 접하는 것은 당연지사였다.

에큐메니칼 협력선교의 필요성

예전에 군사적인 용도로만 쓰이다가 1983년 구소련에 의한 대한항공 007편 피격사건을 계기로 이제는 전 세계인이 일상생활 중에 활용하고 있는 GPS (Global

Positioning System)은 알려진 바와 같이 세 개의 위성에서 보내진 신호를 받아 지구상의 어떤 곳에서도 정확한 자기 위치를 알아내는 기술이다. 이 기술의 핵심은 우주공간에서 독립적으로 움직이는 세 개의 위성이 서로에게 자신의 속도와 방향 그리고 위치를 지속적으로 알려주면서 이를 바탕으로 지구 상의 모든 물체의 위치를 알게 하는 효과가 있는 것이다.

아마 한국·독일·가나 삼국교회 에큐메니칼 선교협력관계도 이처럼 비유할 수 있을 것이다. 각자 자기가 속한 교회의 속도와 방향으로 나아가지만 각자 교회의 선교적 현재 위치를 지속해서 공유하다가 보니까 자연스럽게 자기가 속한 교회가 복음 안에서 서 있는 자리를 더 잘 알게 되는 것이다. 그런 의미에서 에큐메니칼 선교협력은 어떤 교류나 교환 또는 친교의 범위를 훨씬 뛰어넘는 차원이 된다. 즉 선교협력을 통해서 자기 교회의 본질적인 선교 사명과 사회적인 책임을 더욱 자각하게 되며 구체적으로 실천하는 계기를 얻게 되는 것이다. 또한 오랜 관행에 의해서 방치되었거나 덜 관심을 받던 분야를 새롭게 주목하게 되는 것도 이런 선교가 가져오는 큰 유익이다.

삼국교회 협력선교에 있어서 중요한 선교적인 발견은 이루 헤아릴 수 없다. 그중에서도 평신도의 교회 안에서의 역할과 청년들의 참여공간에 대한 발견이다. 늘 선교 협력하면 교회 목회자들 간의 교류였던 것이 한국교회와 가나교회의 모습이었다. 그러나 독일교회 자체가 겪고 있던 청년들과 평신도 교회 활동 참여 고민은 다른 두 교회에도 새로운 안목을 열어 주었다. 모든 교류와 협력단위에서 청년들의 참여를 독려하는 것과 이들의 단기선교 자원봉사에의 참여가 나중에 삼국 교회의 귀중한 선교적 자산으로 되돌아왔다. 여전도회 회원들의 참여는 서로 간의 가정을 여는 계기를 만들었고, 여성들의 역할이 교회에 어떤 기폭제를 가져다주는지를 깨닫게 해주었다. 영등포노회와 경기노회 수원성교회가 협력하여 공동으로 선교사를 파송한 것은 한국교회 내에서도 노회의 경계를 넘이서는 협력선교의 귀감이 되었다. 삼국교회 공동의 프로젝트로서 가나컴퓨터 훈련학교는 교회가 지역사회에 어떤 새로운 미래를 제시할 수 있는지 분명하게 보여주는 예가 되었다.

에큐메니칼 협력 선교의 어려움과 어려움을 극복하는 과정

필자는 에큐메니칼 선교 동역자로 사역하면서 줄곧 "한국·독일·가나 삼국교회 간의 에큐메니칼 선교협력을 어떻게 이해해야 할 것인가?" "그것이 다른 종류의 협력선교에 비해 어떤 특이점이 있는가?" 하는 질문들을 많이 받게 된다. 그럴 때마다 자동차를 운전할 때 사이드미러가 있는 것과 없는 것의 차이로 설명하곤 한다. 사이드미러가 운전자의 사각지대를 없애줘서 더욱 안전한 운전을 보장하듯이 다른 교회와의 선교협력은 자기가 속한 교회의 위치와 역사에서 보지 못하던 복음적인 사명에 새롭게 눈을 뜨게 해준다. 하지만 서로 그 차량의 운전대를 차지하겠다고 했을 때는 사공이 많은 배가 산으로 가듯이 삼국교회 간의 선교협력도 가끔은 엉뚱한 곳으로 방향을 틀 때가 있었다.

선교에서 있어서 가장 비근한 갈등의 요소는 선교지 자산형성과정에 관련된 경우가 많다. 어느 한 곳에 절대적인 권한이 집중되면 당연히 주도권이 한쪽으로 기울게 되고 그로 인해 서로 상처를 입는다. 이런 일을 방지하기 위해 가나에서는 모든 선교자산을 비영리법인에 속하게 하고, 삼국 교회 대표들이 운영이사가 되어 공동으로 의사결정을 하는 방식을 취하게 되었다. 매년 각국을 돌아가면서 이사회를 개최하여 공인회계보고를 받고 사역을 검토하며 다음 해의 계획을 세워나갔다. 또한 선교사가 직접 선교모금을 하던 관행에서 벗어나 선교협력위원회가 그 부담을 짊어짐으로써 선교지 자산형성에서 향후 모든 가능한 문제의 소지를 배제하게 되었다.

이런 선구적인 노력에도 불구하고 삼국 교회가 가진 문화적인 인식의 차이에서 발생하는 오해와 불협화음은 피할 수가 없었다. 가나교회는 생각 외로 협의체 중심의 리더십을 가지고 있었다. 모든 교회의 결정은 교회 안의 소규모 위원회들에 의해서 유기적으로 분담되고 공유되었다. 독일교회는 계획적인 결정구조를 가진 교회정치를 보여줬다. 이에 비해서 당회장의 결정으로 일사천리로 순식간에 움직이는 한국교회의 모습은 다른 교회들이 경이롭게 생각함과 더불어 많은 오해의 소지가 되었다. 교회의 규모와 경제적인 여건에 의해서 어느 한 교회가 더 많은 의사결정권을 갖는 것이 아니라 가나식으로 서로 존경하는 분위기에서 같이 머리를 맞대고 의논하고, 독일식으로 미리 계획하여 단계별로 추진하면서 여러 교회 구성원들의 참여를 독려하고, 한국식으로 한 번 맡은 일에는 역동적으로 추진하고 끝마무리가 될 때까지 책임을 지는 그런 단계에까지 서로 성숙하기에는 10여 년의 시간으로도 부족했다.

필자가 삼 개 대륙의 다른 교회들과 에큐메니칼 선교협력과정에서 겪은 어려움은 의사소통의 진전 과정에서 오는 진통이었다. 상대방을 비판하지 않고 있는 그대로의 모습으로 받아들이며, 서로를 존중하며, 소통의 방식을 어떻게 진지하게 진전시켜 나가느냐에 따라 선교협력의 성패가 달려있었다.

에큐메니칼 협력선교의 장단점

에큐메니칼 선교 동역자의 역할은 다른 형태의 선교에 비교해서 볼 때 다분히 외교적이라고 할 수 있다. 국가 간의 외교에서는 지극히 자국 중심이고 자국의 이해를 최우선으로 하는 것이 목표이지만, 에큐메니칼 선교 동역자들에게 있어서 교회외교는 자기교회보다는 파트너교회의 이해에 더 첨예한 외교관이다. 가끔은 파트너 교회 안에 발생하는 갈등을 해소하는 조정자가 되기도 하고 그들이 보지 못하는 그들 자신의 뒷모습을 알려주는 선의의 선교외교관이라고 할 수 있다. 일례로 독일 팔츠주교회 해외선교 및 에큐메니칼 담당국장인 마리안느 봐그너 목사[5]는 파트너교회를 정기적으로 방문하면서 이들 교회 안에 존재하는 내부갈등과 오해를 불식시키는 역할을 톡톡히 해낸 점은 주목을 받을 만하다.

　서로를 비판적이고 방어적인 시각으로 보기보다는 공감의 눈으로 바라보는 데에도 수많은 교류와 시간이 필요했다. 교회구성원들의 주된 수입이 대부분 대규모 와이너리(포도를 만드는 양조장)에서 발생하는 독일 팔츠주교회는 와인에 대해서 다른 두 교회에 비해 아주 너그러운 관점을 가지고 있었다. 교인들에게 술을 마시는 것을 권장하지 않는 전통을 가진 다른 두 나라 교회 교인들이 "독일인에게 있어서 와인은 육류를 바탕으로 먹는 식습관에서 오는 하나의 다른 음식문화로구나"하고 이해하는 관점을 가지게 되고, 상대적으로 시간에 대해서 아주 너그러운 관점을 가진 가나사람들을 보면서 "대부분의 교인이 아직도 농사에 종사하다 보니까 손목에 달린 시계가 아니라 아직도 하늘을 바라보며 시간을 말하는 것이 일상화된 것이구나" 하고 상대 교회 안에 자리 잡은 문화를 자기 눈으

5　팔츠주 교회 마리안느 봐그너 목사는 게르하르트 프리츠 목사의 후임으로 2002년 부터 선교부 총무로 일하고 있으며 현재 EMS의 회장을 겸임하고 있다. 독일교회 내에서 차세대 여성지도력의 모델로 인식되고 있다.

로 비판하기에 앞서 그들의 눈으로 바라보는 아량은 절대 저절로 터득되는 것은 아니라 주님의 간섭이 필요한 대목이었다.

가나교회의 한 장로는 독일교회를 방문하고 나서 이렇게 술회했다. "처음에 우리는 독일교인들을 보고 주일에 교회도 안 나가는 한심한 교인들이라고 생각했는데 이제 와서 둘러보니 우리 가나교인들이 오히려 너무 지나치게 교회행사에 참여하는 것이 아닌지 모르겠다는 생각이 들었어요. 사회적인 책임은 도외시하고 교회에서 살다시피 하는 우리들의 지나친 종교성은 한 번 재고해 봐야 한다는 생각이 들어요."

파트너교회를 내 관점으로 비판하는 입장으로부터 서서히 상대를 통해서 자기교회의 가려진 모습을 발견하고, 그동안 아무런 생각 없이 그저 받아들였던 교회의 일상에 주님의 시각으로 의문부호를 한 번 달아보기도 하고, 이를 통해 새로운 교회 갱신의 발판을 만들고자 변화하는 것은 다른 형태의 선교에서 찾아보기 드문 에큐메니칼 선교가 갖는 장점이다.

가나교회는 최근 세계적으로 논란이 되는 동성애에 관해서 아주 강력한 반대의 입장을 표명하고 있고, 독일교회는 북미교회들과 마찬가지로 이들의 특수한 사정을 이해하고자 하는 입장으로 돌아서고 있다. 가나교회를 포함해서 몇몇 아프리카 교회들이 유독 이 부분을 강조하면서 동성애를 인정하는 그 어떤 교단과 교류단절도 불사하겠다고 나서는 이유는 오랜 기독교 전통을 가진 서구교회가 자신들에게 전해준 복음에서 멀어져 가는 것에 대한 영적인 경고이기도 하지만, 지금까지 서구교회에 비해서 크게 내세울 것이 없다고 생각하는 아프리카 교회로서는 자신들이 서구교회보다 영적으로 우월한 존재라는 것을 나타내고 싶은 심정에서 나온 행동이기도 하다.

서구는 정치 역사적으로 아프리카를 식민통치한 경험 때문에 에큐메니칼 선교현장에서 아프리카 교회들이 마치 당신네 선조들이 우리 선조를 노예로 팔고 탈취한 것을 배상하라는 듯한 당당한 요구에 매번 끌려다니는 듯한 인상을 많이 받았다. 이로 인해 아프리카교회들은 스스로 일어서기보다는 외부에서 오는 지원에 더 의존하는 구조적인 문제를 지니기도 했다. 이에 비해 한국과 아프리카는 서로 역사적으로 빚진 것이 없다. 서구의 식민통치 경험이 있던 지역에서 한국교회가 과거 산둥반도 선교에서 보여줬던 것처럼 겸비한 자세의 선교로 임한다면 파트너교회들과 함께 새로운 선교적인 지평을 열 수 있는 아주 유리한 장점이 된다. 이런 이유로 인해 독일교회 지도자들이 한국교회의 역사적인 중립성을 통하여 가나교회와의 선교협력에 크게 기대하는 것을 보면서 진정으로 대등한 선교는 서로에게 빚진 것이 없는 마음으로 다가섰을 때 가능하다는 것을 체험했다.

에큐메니칼 협력선교의 전망

2013년 지리산 산청에 위치한 기독교수도원에서 삼국교회 대표들이 모여 한 주간 동안 수련회(리트릿)를 열었다. 새벽에 일어나 맑은 공기를 마음껏 들이마시며 아무런 특정 프로그램 없이 서로 기도하고 성경말씀을 나누고 자기들이 살아온 이야기를 나누기 시작했다. 이때 처음으로 삼국교회의 선교협력 참석자들은 하나님이 원하시는 에큐메니칼 선교는 우리의 삶 전체 영역에 속해 있다는 것을 깊이 깨닫게 되었다. 선교협력의 시간이 지나면서 점차로 물질적인 것에서 영적인 것으로 그리고 다시 삶의 전체적인 영역으로 번져가는 것을 알아차린 것이다. 그리고 우리가 모두 한 주님의 포도원에서 같이 일하는 일꾼임을 고백하게 되었다. 이 기도회가 세 교회가 서로를 위해, 서로의 가정을 위해, 서로의 관심사를 위해 깊이 기도를 나누는 계기가 되었다.

이런 이유로 동양적인 영성과 아프리카적인 열정, 서구 교회의 오랜 기독교 전통이 함께 조화롭게 융화된 삼국교회 에큐메니칼 선교는 한국교회의 에큐메니칼 선교를 한걸음 앞서 나아가게 할 좋은 단초일 뿐 아니라 다른 나라 교회에도 좋은 선교적 자극제가 될 것으로 믿는다.

멕시코에서의 에큐메니칼 협력선교

홍인식 선교사(멕시코 장로교신학대학 교수)

1. 들어가면서: 한국 선교를 돌아보다

세계를 향한 한국선교가 본격적으로 시작된 것은 아마도 1980년대라고 볼 수 있다. 급격한 교회 성장과 더불어서 세계선교가 성장하기 시작했다. 선교는 교회 성장의 중요한 프로그램의 하나로 자리를 잡게 되었고 세계 선교의 확장은 해당 교회와 교단의 교세와 정비례하며 커지기 시작했다. 이렇게 하여 점차 세계에 한국 교회의 위상이 알려지지 시작하였으며 선교는 한국 목회 성장의 상징으로 자리 잡기 시작하였으며 세계 구석구석에서 한국 선교사의 모습을 찾아 볼 수 있게 되었다.

이후 30여 년이 흘렀다. 오늘 세계에서 한국 선교의 위상은 어떠할까? 여기에 대하여 낙관적인 주장을 내놓는 사람들도 많이 있기는 하지만 현장에서 일하는 선교사로서 현장에서 듣는 한국 선교사에 대한 소리는 그리 좋은 것만은 아니다. 선교에 대하여 잘 알고 있는 현지 목회자들과 신학자들로부터 들려오는 소리는 더욱더 부정적인 것이 많다. 이들이 한국 선교와 선교사들에 대하여 부정적으로 언급하는 내용을 간략하게 정리해 보면 다음과 같다.

첫째 한국 선교사들은 대체로 현지 교회와 협력을 하지 않고 단독형태의 선교를 한다는 것이다. 둘째 한국 선교사들은 현지 목회자들에 대한 우월감을 가지고 있다는 것이며, 셋째 사업 위주의 활동을 하고 그렇게 이룩한 사업에 대하여 현지인들의 리더십을 전혀 인정하지 않고 있다는 것이다. 마지막으로 제왕적인 모습을 보이고 있다는 평가이다. 이런 부정적인 평가의 원인은 어디에 있는 것일까?

그것을 우리는 선교에 대한 기본적인 이해의 부족이라고 볼 수 있을 것이다. 그중에서도 선교의 대상에 대한 이해의 절대적인 부족을 들 수 있겠다. 선교는 대상을 전제하고 있음에도 불구하고 선교대상에 대하여 전혀 고려하지 않고 있다는 것이다.[1] 특별히 요즘과 같은 세계화된 사회에서 오직 한국적인 사고와 접근방법을 가지고서는 선교 대상들에 대한 이해 없는 선교는 가능하지도 않을 뿐만 아니라 오히려 반(反) 선교적 결과, 혹은 선교의 장애를 초래할 것이다.

그러므로 오늘 한국 선교가 부정적 평가를 극복하고 진정한 의미의 하나님의 선교를 수행하고자 한다면 더욱이 선교대상의 이해라는 측면에서 한국 선교의 방향을 생각해 보고자 한다면 우리는 에큐메니칼 선교를 향한 방향전환의 시급성을 이야기하지 않을 수 없다. 에큐메니칼 선교를 다각적인 면에서 접근할 수 있겠으나 나는 본 글에서 멕시코 선교의 실례를 들어 설명해 보려고 한다. 에큐메니칼의 어원이 '오이쿠메네' 다시 말하면 '집'이라는 뜻의 단어로부터 시작한다. 그러므로 에큐메니칼 선교는 집의 개념을 분명히 함으로써 시작된다는 것이다.

---

[1] 선교의 주체와 객체라는 의미에서 선교의 대상을 구별하는 것 자체가 비선교적임을 인정하면서도 본 글에서는 한국 선교의 부정적인 면의 원인을 설명하는 과정에서 독자들의 이해를 돕기 위하여 '선교 대상' 이라는 용어를 사용하고자 한다.

2. 나의 집, 너의 집, 그리고 우리 집

에큐메니칼 선교를 하나의 "집"으로 생각하게 될 때 나는 그것을 세 가지 측면에서 고려할 것을 제안한다. 먼저는 '나의 집'이다. 두 번째는 '너의 집'이다. 그리고 마지막으로 '우리의 집'이다.

'나의 집'에 충실한 모습을 보여야 한다. 에큐메니칼 선교는 무엇보다도 먼저 자신의 역사와 문화에 뿌리를 내리면서 복음의 본질에 충실한 '나의 집'으로부터 출발해야 한다. 후기 근대적 영성 혹은 미국적 기독교의 영향에 의해서 형성되는 선교 모델이 아니라 그리스도의 삶에 뿌리를 내리고 좀 더 성서적인 모습으로 변환되어야 할 것이다. '어떻게(how to)'의 질문보다는 '왜(why)'의 질문에 귀를 기울이는 본질을 추구하는 모습으로 변화되어야 한다. 충실한 기초에 세워진 '나의 집'으로부터 출발하는 선교가 되어야 한다. 유행이나 혹은 경쟁에 기초한 감성적으로 흥분된 선교가 아니라 비판적 성찰에서부터 출발되어지는 선교의 구도로 변화되어야 한다.

'너의 집'에 대한 예의를 지켜야 한다. 선교는 일방적으로 이루어지는 일방통행이 아니다. 선교는 쌍방 통행임을 명심해야 한다. 제국주의적이며 정복적인 선교는 상대방을 인정하지 않는다. 그러나 '집'의 개념으로부터 출발하는 선교는 상대방의 존재에 대한 인정과 그의 소중함을 기억한다. 그뿐만 아니라 상대방의 동의를 구한다. '너의 집'을 가면서 그 집의 문화와 예의를 무시한다는 것은 출발부터 잘못된 것이 아닐 수 없다. '너의 집'은 '나'에 의해서 세워질 집이 아니다. 이것은 이미 존재하고 아니 오래전부터 이미 존재해 왔던 집임을 충분히 자각하고 '너의 집'을 향해야 할 것이다.

'우리 집'을 만들기 위한 공동 운명 의식이 있어야 한다. 제국적-정복적 선교는 상대방을 정복함으로써 '나의 집'의 확산을 도모한다. '나의 집'의 확산은 '너의 집'에 대하여 경계하며 교화의 대상으로만 간주하게 된다. 그러나 선교는 '나의 집'의 확산이나 혹은 '너의 집'의 강화를 넘어서 '우리 집'을 만드는 것이 되어야 한다. 세계의 주인이신 하나님의 나라의 이루어짐과 연결되는 '우리 집'의 건설이 되어야 한다. '우리 집'의 건설은 '나의 집'과 '너의 집'의 서로 다름이 아름답게 조화를 이루는 것을 추구한다. 그것은 분명한 하나님의 세계에 대한 확신과 더불어 공동운명공동체 의식으로부터 출발되어 질 수 있을 것이다.

3. 멕시코에서의 에큐메니칼 협력선교의 실제[2]

멕시코에서의 에큐메니칼 협력선교의 실제는 멕시코 장로교회와의 관계에 제한해서 서술한다.

1) 멕시코 장로교(IPNM) 소개

멕시코장로교회는 1872년 미국 장로교의 선교로 시작되었으며, 현재는 15개 연회와 72개 노회를 갖고 있는 멕시코 최대의 개신교이다. 멕시코 장로교회 현재 교인 수는 약 180만 명으로 추산하며, 교회 및 기도처는 6,300개 소에 달한다. 교단 소속 목회자 수가 1,500명뿐이어서 교인 수와 교회 및 기도처 수에 비해 목회자가 턱없이 부족한 상황이다. 신학교는 전국에 걸쳐 7개이며, 성서학교는 12

---

[2] 멕시코에서의 에큐메니칼 협력선교의 실제는 본 글의 저자인 선교사의 경우를 바탕으로 서술된 것임을 밝혀 둔다. 한국의 멕시코 선교는 대한 예수교 장로회 통합 측의 경우 25년 이상의 역사를 가지고 있으나 아직까지 멕시코 장로교회와의 간헐적이고 부분적인 협력이외에는 에큐메니칼 선교의 차원에서 이루어진 것은 없었다.

개에 이른다. 그중 수도인 멕시코시티의 신학대학은 목회자 양성과 교단의 신학교육에 있어서 핵심적 위치를 차지한다. 현재 멕시코 장로교단은 '비전 2020년'이라는 장기발전 계획을 세우고 교회의 개혁과 성장에 몰두하고 있다. 특히 멕시코 교회는 멕시코 북부 지역에 장로교회가 부재한 지역을 중심으로 모두 10개 도시에서의 교회개척 계획을 수립하고 있으며, 한국 교회의 적극적인 동참과 협조를 바라고 있다.

2) 멕시코 신학대학(STPM) 소개

멕시코 장로교신학대학은 1882년에 설립되어 131년의 역사를 가지고 있고, 수많은 목회자와 교회 지도자들을 양성해온 중남미 지역에서 가장 중요한 신학대학 중 하나이다. 신학대학은 멕시코 장로교 총회 직영학교로서 신학과와 기독교 음악학과로 구성되어 있으며, 전국에 있는 멕시코장로교 7개 신학대학의 중심적인 위치를 차지하고 있다. 본 신학대학은 오랜 역사와 더불어 멕시코 기독교의 지도자들을 배출할 뿐 아니라 중남미는 물론 미국과 유럽의 학생들이 유학하는 대학이기도 하다.

3) 선교사역에 대한 소개

- 본 선교사의 사역은 라틴아메리카의 유수한 신학대학으로부터 공식 주임 교수로 초빙을 받아 사역하는 매우 중요한 의미를 가질 것이며, 한국 교회의 선교 형태에 있어서 서로 간의 삶을 존중하며 사역하는 에큐메니칼 선교의 중요한 모습을 보여주고 있다.
- 본 사역은 멕시코 신학대학이 초빙하는 교수 선교사를 위하여 주택과 기타

비용을 지불하고, 한국 교회가 교수 선교사의 생활비를 감당하는 등 양 교회의 재정적인 협동으로 이루어지는 사역이다. 사역뿐만 아니라 재정적인 면에서도 협력선교가 이루어져서 에큐메니칼 협력선교는 고비용 구조의 선교로부터 저비용 구조의 선교로의 전환이 절실한 한국 교회에게는 매우 적절한 선교모델이 아닐 수 없다.

- 본 사역은 멕시코 교회가 멕시코 정부를 향하여 공식 절차를 받아 관광비자가 아닌 선교비자를 발급받아 합법적으로 입국하여 활동하게 하는 사역이다.

4) 멕시코 신학대학에서 본 선교사가 하고 있는 사역 내용

- 멕시코 현지 장로교 신학생들을 교육하여 미래의 목회자 양성
- 각 지방 신학교를 순회 방문하며 목회자 양성
- 기존 목회자들에 대한 재교육
- 멕시코 현지 교인들에 대한 교육: 삶의 현장에서 성서 읽기와 성서교육
- 기존 교회들과 목회자들에 대한 격려와 목회자의 삶에 대한 지원과 위로
- 주당 3과목 이상 강의
- 멕시코 교회를 위한 신학 논문 2편 이상 발표하여 학술지에 게재
- 지방 신학대학 신학교육 프로그램과 방문 교육 시행
- 멕시코 신학대학 학술 대회 강사
- 멕시코 장로교회 총회가 요구하는 각종 교육 프로그램 강사로 활동
- 신학대학이 주최하는 각종 행사에 주체적으로 참여
- 전국 평신도 지도자 교육집중강의
- 목회학 박사 학위 개설 참여

5) 멕시코 장로교회와의 선교협정

멕시코 장로교회와의 선교협정을 위한 의향서가 2015년 9월 개최되는 통합 측 100회 총회에 멕시코 장로교 총회장과 서기가 참여함으로써 체결되었다. 본 선교협정을 위한 의향서는 다음과 같은 원리로 체결되었다. 의향서에서 언급되고 있는 원리는 양 교회의 에큐메니칼 선교에 매우 중요한 지침을 보여주고 있다.

1. 양 교회의 협력 관계는 통전적 관계이다. 이것은 복음의 모든 분야, 즉 선포와 행위, 그리고 목회와 선교의 물질적, 학문적, 감성적, 인적 분야에 있어서의 협력을 포함함을 의미한다.
2. 양 교회의 협력 관계는 상호성, 대화의 개방성과 상호배움의 관계이다. 이를 통하여 목회와 선교의 각 분야에서 협력이 이루어져 양 교회의 관계가 깊어지고 강화됨을 도모한다.
3. 양 교회는 목회자, 선교사의 방문과 교류를 통하여 서로의 발전 기회를 모색한다.
4. 양 교회는 신학교육, 선교, 여성과 청년, 교회개척, 신학대학, 기타 교육 기관, 사회선교, 노회와 노회, 총회와 총회 등의 분야에서의 협력을 통하여 양 교회의 관계 강화와 확장을 도모한다.
5. 위의 원리와 목적을 수행하기 위하여 양 교회는 서로의 교회의 신앙고백, 목사안수, 교회 행정과 정치를 상호인정한다.

위에서 살펴본 것처럼 이번 한국교회와 멕시코 장로교회의 선교협력 체결에서 강조되는 것은 통전성, 상호성, 개방성과 상호존중의 정신이다. 멕시코에서의 에큐메니칼 선교는 이같은 정신과 원리를 바탕으로 출발하고 있다.

4. 멕시코 장로교회와의 관계 발전에 관한 이야기

마지막으로 본 선교사가 이곳에서 에큐메니칼 선교사역을 시작한 이후 멕시코 지역교회 내에서 발생한 중요한 사건 하나를 언급함으로서 이 글을 마치려고 한다. 멕시코시티에서 북동쪽에 위치하고 있는 몬테레이라는 도시에 소재한 한 장로교회의 일이다.

몬테레이는 최근 기아가 공장을 수립함으로써 급작스럽게 한인들의 유입이 시작된 곳이다. 멕시코 장로교회는 새롭게 전개되는 이민자들의 유입이라는 상황 앞에서 새로운 선교 계획을 수립한다. 그것은 성서의 말씀대로 나그네와 이민자들을 돌보겠다는 선교계획이다. 이들은 유입되는 한인들의 원활한 정착을 돕고자 한다. 지금까지 한인들에 대한 선교는 한인교회를 통하여 이루어졌다. 한인교회들은 현지 교회와는 분리된 채 한국문화만을 중심으로 이루어지고 있다. 이러한 상황에서 멕시코 장로교회가 한인들을 향한 선교를 펼치겠다는 것은 획기적인 것으로 받아들여진다. 이들은 또 다른 한인 교회를 만들고자 하는 것이 아니다. 멕시코 장로교회 내에서 한인부를 만들 뿐만 아니라 이것을 계기로 다문화, 다민족 교회를 지향하겠다는 의사를 표명하기도 한다. 이들은 현재 본 선교사의 자문을 받고 있는데, 앞으로 한인 선교를 전담할 한인 선교사 파송을 바라고 있다. 독립적인 교회가 아니라 멕시코 장로교회와 하나 되는 에큐메니칼 교회를 꿈꾸고 있다.

5. 나오면서: 에큐메니칼 협력선교는 왜?

선교는 교회의 존재가치기반이다. 그러나 선교는 우리의 능력 과시나 교세 과시, 세 확장이 아니다. 그것은 진실로 예수 그리스도의 주 되심과 때가 되면 모든 만물을 그리스도의 권위 앞에 두시겠다는 하나님의 섭리를 성취해 나가는 하나님의 선교에 참여하는 것이다. 현실과 하나님의 권위에 기초를 둔 진실한 선교를 할 때 하나님이 우리 한국교회에게 맡겨주신 사명을 다 할 수 있다. 한국 교회의 목회와 선교 구도는 에큐메니칼 구도를 하루 속히 회복해야 한다. 그리고 다시 한 번 희망을 잃어버린 이 사회를 향하여 "관용과, 다른 사람에 대한 친절한 배려, 생명에 대한 존중과 함께 살아감에 대한 확신, 나아가서는 하나님을 체험하는 영성의 회복으로 인한 인간적 삶의 투명성이 보장되는 더 나은 세상이 가능하다."는 소식을 전해야 할 것이다.[3]

---

3 Leonardo Boff, *Virtudes para otro mundo posible*(다른 세상의 가능성을 위한 덕목들), (Santander: Editorial Sal Terrae, 2007)을 참조하시오.

쿠바에서의 에큐메니칼 협력선교

김성기 선교사(쿠바)

1. 들어가면서

한국 선교사로서 공식적인 쿠바 선교 사역은 홍인식 선교사에 의해 시작이 되었다. 홍인식 선교사는 2003년 쿠바 선교사로 파송되어, 쿠바 개신교 신학대학에서 교수사역과 쿠바 개혁장로교단의 동역 목회자로 활동하였다. 또한 2004년 한국 교회 최초로 쿠바 개혁장로교단과 대한예수교장로회통합교단이 선교 협정을 맺게 하는 데 공헌하였다. 이후 예장통합교단의 쿠바 선교는 쿠바 장로교단과의 에큐메니칼 동역자 신분으로 이루어지고 있다.

필자는 2006년 2월에 통합 측 선교사로 쿠바에 도착하였으며, 현재 쿠바 개혁장로교단의 선교 동역자로, 쿠바 정부로부터 종교비자를 발급받아 사역하고 있다. 쿠바 선교는 에큐메니칼 정신을 바탕으로 현지교회와 상호 협력하며 이루어지고 있다. 쿠바 선교는 독립적인 선교가 불가능하다. 현지·교단과의 연합이 없이는 우선 비자 발급을 받지 못하여 거주에 제한이 있다. 현지 교단과의 협력은 현지 교회와 전통을 존중하며, 또한 일방적이며 물량주의적 선교를 지양하게 하는 장점을 가진다. 짧은 글이지만 이 글을 통하여 쿠바 교회 안에서의 에큐메니칼 선교에 대하여 나누고자 한다. 쿠바와 쿠바 교회에 대한 이해, 쿠바 선교 현황 등을 다룰 것이며, 마지막으로 지난 10여 년간의 쿠바 선교를 하면서 가지게 된 짧은 소견으로 마무리하고자 한다.

쿠바의 개요

쿠바의 정식명칭은 쿠바공화국(Repblica de Cuba)이다. 아메리카대륙 최초의 사회주의 국가로서, 지리적 위치 때문에 동서 양대 세력이 충돌하는 국제정치의 요충지가 되어 왔다. 쿠바는 북위 20-23.5도 북회귀선을 따라 남북아메리카 대륙 사이의 멕시코 만에 위치해 있다. 총면적은 110,922㎢로 한반도의 1/2 크기이다. 쿠바 섬의 동서 길이가 약 1,300㎞이고 평균 너비가 80㎞인 동서로 뻗은 기다란 섬이다. 인구는 약 11,500,000명 정도이다. 쿠바의 인종은 크게 스페인계 백인, 흑인, 혼혈인, 기타 소수 민족 후예(중국인, 한인 후예) 등으로 나뉜다. 인구의 절반 정도를 차지하는 백인과 흑인의 혼혈인 뮬라토 인종이 쿠바의 정치, 경제, 문화를 주도하고 있다. 공식 언어는 스페인어이며 주로 사용되는 외국어로는 러시아어와 영어가 있다. 1959년 혁명 이후 1961년부터 사회주의 체제를 유지하고 있으며, 종교 구성은 가톨릭, 개신교, 혼합 종교(산테리아), 여호와의 증인, 그리스 정교 등이다.

쿠바 개신교회의 상황

쿠바 개신교 역사는 19세기 후반 성공회 교단에 의해 시작이 되었다. 18세기 초반 아바나를 비롯한 여러 항구를 침략한 해적들과 1762년 영국이 9개월간 아바나를 점령할 때 영국 군인들과 동행을 한 성공회 교회에 의해 개신교 접촉이 없었던 것은 아니지만 이를 개신교 선교로 볼 수는 없을 듯하다. 1880년대 초반 경제적인 이유와 스페인으로부터 독립을 원하는 반 식민 운동이 쿠바 내에 시작되면서 많은 쿠바인들이 미국으로 이주하기 시작하였다. 이들을 중심으로 미국 내에서 자연스럽게 개신교를 받아들이는 사람들이 생겨났다. 이후 미국 내 쿠바 성공회 교회는 쿠바의 수도인 아바나와 마딴사스에 선교사들을 보내기 시작하면서 본격적으로 교단 교회들을 개척하기 시작한다.

　쿠바 본토에 세워진 최초의 개신교 교회는 마딴사스 시내에 위치한 Fieles a Jesus 교회이다. 1885년 마딴사스에 도착한 뻬드로 두아르떼 (Pedro Duarte) 목사가 개척한 이 교회는 1889년 쿠바에서 최초로 건축된 개신교 교회이다. 이후 1890년대 미국의 남침례 교단과 장로교단, 감리교단, 퀘이커 교단을 비롯한 여러 교단에서 쿠바에 선교사를 보내면서 쿠바 개신교 선교가 본격적으로 이루어지기 시작하였다. 1959년 1월 쿠바 혁명이 있기 전까지 쿠바 개신교회는 꾸준한 성장세를 보여 왔으며, 혁명이 성공한 2년 후인 1961년 교회의 통계를 보면 24개 교단에 845개의 교회, 961개의 선교지(미조직 교회), 223명의 외국인 선교사, 1,053명의 현지 사역자가 있었으며, 전체 교인 수는 265,644명이었다.[1] 1959년 쿠바 혁명이 성공한 이후에 쿠바 교회가 겪은 급격한 변화를 요약하면 다음과 같다.

1　통계 자료 출처는 'Marcos Antonio Ramos, *Panorama del Protestantismo en CUBA*, Editorial Caribe, 1986년.

1) 1959년-1961년

혁명 초기에 정부는 교회에 대하여 협력을 모색하였다. 특별히 일부 교회 지도자들이 혁명을 지지하면서 정부와 교회는 상호 협력적인 방법들을 찾고자 노력을 하였다. 하지만 가톨릭 교회가 혁명에 대하여 지지하지 않으면서 정부와의 관계가 급속도로 냉각되기 시작하였으며, 특히 교회 재산(교육기관)에 대한정부 차원의 개입이 심화되었다.

2) 1961년-1992년

이 시기의 쿠바 교회는 고난의 기간을 보내게 된다. 혁명 이후 미국에 망명한 쿠바인들을 중심으로 용병들을 보내 쿠바 탈환을 목적으로 전투를 하는데, 특히 1961년 3월과 4월의 아바나와 피그만 전투 이후에 피델 카스트로는 쿠바 혁명을 사회주의 혁명에 기초한다고 선언을 한다. 이후 쿠바 정부는 교회를 무시하고 무신론 정책을 채택하였다. 특별히 종교인들에 대하여 차별 정책을 펴기 시작하였는데 기독교인은 공산당에 입당할 수 없었으며 교수, 엔지니어, 의사, 공무원, 변호사 등의 직업을 가지는 데 어려움을 겪었을 뿐 아니라 가족 중에 종교인들이 있는 경우 대학 선택에도 제한을 받았다. 또한 종교 지도자들에 대한 탄압도 있었는데, 간첩 혐의 등을 받고 감옥에 갇혔던 경험이 있는 지도자들이 많았다. 침례교회의 경우에는 사회주의 국가로의 전환을 반대하면서 '기독 민주화 운동'을 일으키기도 하였는데 1965년에는 53명의 목회자가 구속되기도 하였다. 1960년대 후반 쿠바에는 단 한 사람의 외국인 선교사도 남지 않게 되었으며, 이후 30여 년 가까운 기간 쿠바 교회는 큰 어려움을 겪게 된다. 쿠바 정부는 새로운 교회의 개척 및 건축을 금지하였을 뿐 아니라 교회 건물 외에서의 종교 활동을 전면적으로 금지하였다. 이 시기에 사용하지 않는 교회건물을 정부 재산으로 귀속시켜 사용하였는데 지금 몇몇 교단에서 건물 반환소송을 내고 있기는 하지만 별 진전이 없다.

종교계통의 모든 교육기관은 폐쇄하여 국유화하여 사용하고 있다. 또한 혁명 초기에 70% 이상의 목회자와 기독교인들이 미국으로 망명하면서 기독교 인구가 급격한 감소세를 보이게 되었다. 어려운 시기를 보내기도 했지만 다른 한편으로 보면 현재 쿠바 교회를 지탱한 힘이 된 때이기도 하다. 혁명 이후, 특별히 사회주의 국가로 전환 이후에 오히려 쿠바 교회를 지키기 위해 미국 내에서 유학을 하고 있던 목회자들이 일부 쿠바로 돌아오기도 했다. 왜냐하면 몇 명 남아있지 않은 교회에서 예배를 드리며 고난 가운데 교회를 지켜온 성도들이 있었기 때문이다. 지금도 노년의 성도들은 "하나님께서 쿠바를 떠나셨다"고 이야기하며 미국으로 망명한 많은 목회자와 교인들을 기억한다고 말한다. 하지만 그들에게 쿠바는 "여전히 하나님이 함께하시는 곳"이다.

3) 1992년-현재

구소련이 붕괴하면서 사회주의 국가연합이 무너지게 되면서 쿠바에도 큰 영향을 미치게 된다. 특별히 경제적으로 어려움을 겪으면서 1990년대 초반 쿠바 정부와 국민은 배고픔의 시기를 겪게 된다. 쿠바 사람들은 이 시기를 "Periodo Especial (특별한 시기)"라고 부른다. 이로 인해 쿠바 정부는 다각적으로 세계 여러 나라의 도움을 필요하게 되는데 이는 종교 정책에도 영향을 미치게 된다. 1992년 정부는 헌법에서 과학적 무신론을 폐지하고 세속 국가 개념(Lay Nation)을 도입하고, 종교인들에 대하여 당원이 되는 것을 허가하였으며, 직업 선택 등의 차별을 폐지했으며, 1997년 성탄절을 국가지정 공휴일로 정하여 지키면서 종교에 대한

정책을 유연하게 하는 것을 세계에 알리기 시작하였다. 특별히 1998년 교황이 쿠바를 방문하게 되면서 종교와의 조심스러운 화해 분위기를 조성하고 있다. 최근 20년간 쿠바 정부는 종교에 대해 유연하게 대처를 하는 편이다.

현재 쿠바의 개신교 인구는 약 80만 명으로 추산된다. 전체 인구 1,150만 명 중에 가톨릭 인구는 약 40%, 그러나 가톨릭교인 중 정기적으로 미사에 참여하는 숫자는 약 40만 명으로 추산하고 있다. 반면에 아프리카 종교의 혼합 형태인 Santeria를 신봉하는 사람의 수는 약 300만 명에 달하고 있다. 전체 개신교회 수는 약 2,500여 개이고, 전체 교단의 수는 62개이다. 가장 큰 교단은 침례교단으로서 약 70,000여 명이며 그 다음으로 감리 교단이 약 30,000 명을 차지하고 있다. 장로교인은 약 10,000명 정도로 추산되지만 장로교인들은 쿠바 사회와 정치계에서 큰 영향력을 발휘하고 있다. 최근에는 오순절 계통의 개신 교회들이 뚜렷한 성장추세를 보이고 있으며, 수년 안에 쿠바 최대의 교단으로 성장할 것으로 예상하고 있다. 또한 '쿠바교회협의회'라는 에큐메니칼 기관이 존재하고 있으며, 교회협의회를 통하여 성경과 신앙 서적 등을 보급받을 수 있다. 교회협의회에는 25개 교단과 쿠바 성서공회 등 약 10여 개 기관이 소속되어 있다.

쿠바 에큐메니칼 선교 현황

1) 현지 교단과의 협력 사역

앞에서 언급하였듯이 쿠바 선교는 초기부터 현지 교단과의 동역을 통하여 이루어졌다. 홍인식 선교사가 사역을 시작하고 1년 만에 양 교단이 선교 협정을 체결한 것은 매우 놀라운 일이다. 짧은 기간에 통합교단이 현지 교회의 신뢰를 얻게 된 까닭은 홍인식 선교사의 탁월한 언어 실력, 현지 교회에 대한 철저한 이해와 해석, 현지 교단과의 꾸준한 커뮤니케이션, 겸손한 섬김과 동역 때문이다. 쿠바 교단과의 동역은 선교사 혹은 선교하는 교회가 중심이 되어 일방적으로 주도하는 선교가 아니라, 현지 교회와 교단의 필요와 요청에 협력하는 선교이다.

사회주의 국가인 쿠바는 종교 정책에 있어서 아직은 완전히 개방하지 않고 통제하고 있다. 에큐메니칼 동역 관계를 맺으면서 현지 교단이 선교사의 체류 신분 관련 문제나, 거주문제 등을 보증하게 되는데, 이를 통해 선교사가 합법적으로 쿠바 안에서 선교할 수 있는 토대를 마련할 수 있게 되었다. 현재 쿠바 내에서 종교 관련 비자를 받고 사역하는 한국인 선교사는 본 교단이 유일하다. 쿠바 개혁장로교단과 협력하는 사역은 다음과 같다.

(1) 쿠바 장로교단 및 목회자 사역 지원

동역하고 있는 쿠바 개혁장로교단은 약 만여 명의 교세를 지닌 교회로, 3개 노회, 가정교회를 포함하여 60개 교회, 40여 명의 목회자들이 사역하고 있는 교단이다. 현재 쿠바 교회는 재정 자립도가 상당히 낮은 상태에 있다. 특별히 2005년부터 실시하고 있는 이중통화 정책으로 자국민들의 경제적인 어려움 또한 크다. 장로교단 목회자들의 경우 교회 유지비도 어려운 재정 형편에 사례비를 교회에서 받기란 여간 어려운 일이 아니다. 그래서 대부분의 목회자가 경제적으로 큰 어려움을 겪고 있어 목회에 전념하기가 힘든 여건이다. 2003년까지 쿠바 장로교단은 미국 장로교단의 재정 지원에 많은 부분을 의지해왔다. 하지만 2003년 이후부터 미국 정부가 쿠바에 보내는 각종 지원금에 대한 규제가 강화되어 지원이 많이 축소된 상태이다. 현재 순천지역의 순천 남부교회를 비롯하여 많은 교회가 쿠바 선교회를 조직하여 쿠바 장로교단 목회자들의 생활비와 기타 여러 교회의 사역을 돕고 있는데 쿠바 교회를 유지하고 지탱하는 데 큰 힘이 되고 있다. 현재 쿠바 장로교단의 40여 명의 목회자들이 후원을 통해 사역을 지원받고 있다. 지원은 통합 측 교단에서 쿠바 개혁 장로교단을 후원하는 형태로 이루어지고 있다.

(2) 가정교회 개척 사역

대부분의 쿠바 교회들은 목회자들이 부족한 상황에서 기존 교회를 목회하는 것만으로도 벅찬 사역을 감당하고 있다. 이런 상황에서 가정교회를 개척하는 것은 매우 힘에 부치는 일이다. 가정교회 개척은 필요와 당위성, 계획 등을 선교사가 먼저 현지 교단에 설명하고, 현지 교회가 수용하여 시작을 하게 되었다. 쿠바 정부는 종교의 자유를 허락하면서 또한 통제도 하고 있다. 예를 들면 기존에 있는 교회는 인정하지만 새로운 교회나 교회 신축 등은 허용하지 않고 있다. 반면에 쿠바 정부는 가정교회를 공식적으로 허가하고 있다. 가정교회라고 표현했으나 공식 명칭은 Casa Culto(가정 예배) 이다. 편의상 가정교회라 부른다. '가정집에서 모여 예배를 드리는 교회'인 셈이다. 최근 쿠바 교회가 급성장하는 가장 큰 요인 가운데 하나가 가정교회를 통한 개척운동에서 찾을 수 있다. 앞에 언급했듯이 쿠바 정부가 종교 정책에 대해서 많이 유연해지기는 했지만 여전히 통제가 이뤄지고 있다. 물론 가정교회와 관련해서도 마찬가지이다. 지난 2005년 4월에 의회를 통과해 당해 9월부터 시행되고 있는 가정교회 관련 법령을 간단히 소개하면 다음과 같다.

- 허가받지 않은 예배를 금지한다.
- 반경 2km 내에 같은 교파에 속한 예배 모임이 중복해서 존재해서는 안

된다.
- 외국인이 가정교회에 참석하는 것을 금지한다.
- 가정교회는 20명 이상의 인원이 초과하면 안 된다.
- 일주일에 3번 이상 모이는 것을 불허하며, 주중에는 오후 5시에서 저녁 10시 사이에, 주말과 주일은 오전 9시에서 저녁 10시까지로 모임 시간을 제한한다.
- 가정 교회를 열기 위해서는 주택의 등기부 등본, 주택 소유자의 예배를 허락한다는 내용의 증빙서류가 첨부되어야 한다.
- 조직 교회의 멤버십을 가진다.
- 가정교회는 밖으로 십자가를 내걸거나 종교적 상징물을 게시할 수 없다.

선교사가 제안하고 요청한 사역이라 할지라도 현지 교회의 도움이 없이는 불가능한 사역이 가정교회 개척이다. 가정교회 개척은 지역교회와 노회 등과 협력하여 지역을 선정하고, 지도자들을 파송하고, 양육 및 계속 교육 등을 제공하는 것 등으로 이루어지고 있다. 매년 1개 교회씩 개척하여 후원하고 양육하는 것을 목표로 사역하고 있다.

(3) 지역교회 순회 목회

앞에 언급하였듯이 쿠바 장로교단은 현재 60여 개의 교회에 비해 목회자는 40명에 지나지 않는다. 목회자들이 공석인 교회가 많고, 평신도 지도자들이 설교와 목회의 기능을 감당하고 있는 교회들도 있다. 쿠바 교회는 매월 1회 성찬을 집례하고 있는데 목회자가 부족하여 성찬이 이루어지지 않는 곳들도 빈번하다. 매월 2회 쿠바 장로교단의 요청으로 지역교회들을 순회하고 설교와 성찬을 집례하고 있다.

(4) 한인 디아스포라 선교

쿠바의 한인 디아스포라는 1905년 멕시코 유카탄 반도로 떠났던 1,030명의 한인 이민자들의 후손들이다. 이들 가운데 일부인 300명의 한인들이 1921년 쿠바에 재이민을 하게 되는데 현재 약 1,000여 명의 한인 후손들이 쿠바 전역에 흩어져 살고 있다. 쿠바 내 한인 디아스포라들을 위한 선교는 약 15여 년 전부터 시작이 되었다. 현재 쿠바 전역에 11개의 가정교회가 개척이 돼있는데 대부분의 한인 가정교회는 몇 년 전부터 현지 교회에 공식적으로 등록되어 있다. 한인 디아스포라 선교를 위해 더 이상의 가정교회를 개척하는 것보다는 기존의 가정교회들을 통하여 전도와 양육을 겸하는 일이 더 필요하다. 마딴사스 중앙 장로교회와 협력하여 5곳의 한인 디아스포라 가정교회를 돌보고, 1년에 한 번씩 리더들을 지속적으로 교육하고 양육하는 프로그램을 협력하여 운영하고 있다.

2) 신학 대학 사역

쿠바 개신교신학대학(Seminario Evangelico de Teologia, 이하 SET)은 1946년 미국의 연합감리교회 선교사에 의해서 처음으로 시작되었다. 이후 쿠바 개혁 장로교단(Iglesia Presbiteriana-Reformada en Cuba)과 성공회(La Iglesia Episcopal de Cuba) 교단과 감리교단이 공동 설립자로 참여하며 함께 운영을 해오다 2006년 감리교단이 공동운영에서 탈퇴하며 현재는 장로교단과 성공회 교단이 이사회를 구성하고 있다. SET는 쿠바에서 유일한 에큐메니칼 신학대학으로 쿠바의 모든 개신교 교단에 개방되어 있다. 교단별로 신학교를 운영하는 곳이 많지 않아서, 다양한 교단의 학생들이 함께 신학교육을 받고, 각 교단으로 돌아가 목회자로 안수를 받고 사역을 감당한다. SET의 설립 초기에는 개신교 신학교가 없거나 약했던 중미와 카리브 해안의 여러 국가의 교회들이 학생을 보내어 신학교육을 받기도 하였다. 라틴 아메리카에서는 학문적으로도 수준이 매우 높은 신학 대학으로 알려졌다. 쿠바 선교 초기에 홍인식 선교사는 신학대학의 교수로 사역하였다. 본 선교사는 후임 선교사로 도착하여 신학 석사 과정에 등록하여 공부하였다. 이 과정에서 현지 교회와 신학을 이해하는 데 많은 도움을 받게 되었다. 신학대학과의 협력 사역은 다음과 같다.

(1) 신학대학 운영 지원 및 강의

- 신학대학 내 학생 사역 지원
- 신학대학 식당 운영 지원
- 디아코니아 디플로마 과정 강의

(2) 평신도 지도자 교육

쿠바 교회는 혁명 이후 약 30년 이상 신학교육의 정체로 인해 교회 지도자들을 양성하는 데 많은 어려움을 겪어 왔다. 현재 쿠바 교회는 30대-40대 목회자들이 절대 부족한 형편에 있다. 또한 부족한 목회자를 충원하지 못해 쿠바 교회에서 평신도 지도자들의 역할은 말할 수 없이 크다. 평신도 지도자들은 목회자가 없는 교회를 섬기며 가정교회를 개척하고 양육하는 데 큰 역할을 감당하고 있다. 이들을 훈련하는 것은 쿠바 교회를 위해 꼭 필요한 일이다. 현재 신학대학에서 8개 지역에 이들을 위한 교육 기관을 운영하고 있는데 더 많은 지역에 확대하여 이에 참여하여 평신도 지도자들을 세워나가는데 협력하고 있다.

(3) 교회 교육 지도자 교육

쿠바 내에서 교회 교육에 대한 일반적인 생각은 주일 오전에 행해지는 성경공부 개념으로만 이해되고 있다. 신학 대학 내에서도 기독교 교육에 관한 과목은 거의 찾아보기 힘든 상황이다. 체계적으로 교사를 교육하는 커리큘럼도 없다. 많은 교회들이 주일학교를 운영하고 있기는 하지만 교육 자료와 교재 등이 전무한 형편이다. 쿠바 장로교단의 협력 하에 신학대학과 연계하여 교육 자료를 개발하고 보급하는 일은 쿠바 교회의 미래를 위해 꼭 필요한 일이다. 섬기는 신학대학에서 교회 교육 지도자들을 대상으로 세미나를 통해 교사들을 훈련하고, 양육하는 데 도움을 주고 있다.

(4) 해외 신학교와의 에큐메니칼 협력

SET는 자체적으로 미주, 남미, 유럽의 여러 신학교들과 신학교류 등의 협력 관계를 맺고 있다. 특별히 2004년 홍인식 선교사에 의해 한국의 장로회 신학대학과 신학교류 협정을 체결하고, 2015년 1월에는 장신대 총장 등이 쿠바를 방문하여 협력에 대한 세부 실천 사항 등을 수정, 보완하여 재체결을 하였다. 2016년 2월부터 양교는 교수요원 및 학생들을 교환하고, 강의와 신학교류 등을 실천하게 된다. 이 사역은 쿠바 선임 선교사인 홍인식 선교사(현 멕시코 장신대 교수)의 제안과 도움으로 이루어졌다. 또한 멕시코 장신대와도 협력하여 신학 교류를 하고 있다.

나오는 말

쿠바 교회는 최근 20여 년 동안 정부와 관계가 많이 호전되었고, 현재 어느 정도 종교적 자유를 누리고 있지만 여전히 조심스러운 상황이라고 할 수 있다. 여전히 외국인 선교사들에 대해서도 통제가 이루어지고 있으며, 새로운 교회를 건축하는 것을 금하고, 종교 기관 이외에서 이루어지는 종교 활동 또한 금하고 있다. 현재 쿠바는 정치·경제적으로 많은 어려움을 겪고 있으며, 이중적 통화정책과 경제 체제로 인해 빈부 간의 격차가 생겨나는 등 1990년대 이후 또 다른 위기를 경험하고 있다. 그러나 여러 어려운 상황 속에서도 개신교 인구는 최근 20여 년 사이에 3배 이상 성장하고 있는 것을 보게 된다. 전도가 자유롭지 않은 국가에서 놀라운 일이 아닐 수 없다. 쿠바 교회는 현재 많은 사람에게 희망을 주며 삶 속 깊숙이 자리하고 있다. 믿음이 없이는 기쁨으로 살기 힘들다는 고백들도 많이 듣고 있다. 통합 교단의 선교는 짧은 역사를 가지고 있지만 쿠바의 교회와 사람들로부터 많은 칭찬을 받고 있다. 에큐메니칼 정신을 바탕으로 한 협력과 쿠바를 향한 섬김과 나눔이 쿠바의 교회와 사람들에게 더 큰 희망을 주는 선교로 자리매김하고 있기 때문이다. 또한 쿠바 교회와의 협력은 사회주의 체제 안에서 교회와 선교의 가능성을 배울 좋은 기회가 될 수 있다. 쿠바 교회가 간직한 사회주의 체제 속에서 교회를 지켜온 노하우는 한국 교회의 북한 선교 및 사회주의 국가들에 대한 선교에 많이 기여할 수 있으리라 본다. 쿠바에서 이루어지는 에큐메니칼 협력선교를 통해 쿠바 교회와 한국 교회의 연합과 일치를 추구하고, 섬김과 나눔의 사역을 실천할 수 있는 좋은 협력선교의 모델로 자리매김하는 데 필자의 사역이 도움이 되기를 바란다.

3부 에큐메니칼 협력선교의 선교신학

에큐메니칼 협력선교의 사례와 선교신학적 의의[1]

황홍렬(부산장신대, 선교학)

1. 들어가는 말

한국교회는 1907년 독노회를 창립하면서 7명의 첫 목사 가운데 이기풍 목사를 제주도 선교사로 파송했고, 1912년 총회를 창립하면서 중국 선교를 준비하게 하여 1913년 세 명의 선교사를 파송해 중국교회 소속으로 협력선교를 하게 했다. 이처럼 나라를 빼앗긴 상황에서도 교회는 본질적으로 선교적이어야 함을 실천했던 한국 초대교회는 선교적 교회였다. 해방 후 처음으로 태국으로 파송되었던 최찬영, 김순일 선교사 역시 에큐메니칼 협력선교의 모범사례였다. 그러나 현재 한국교회의 세계선교는 파송하는 선교사 숫자로는 세계 2위이지만 세계교회로부터 부정적 반응(2장)을 받고 있다. 이 글은 선교역사에 나타난 에큐메니칼 협력선교의 사례(3장)와 예장 총회(통합)의 세계선교에서 에큐메니칼 협력선교의 모

---

[1] 이 글은 부산장신대학교 세계선교연구소가 주최한 〈에큐메니칼 협력선교 포럼〉 (미간행 자료집, 2014년 7월 10일), 23–37에 실린 글을 수정한 글이다.

범적 사례 9가지(4장)를 제시하고, 에큐메니칼 협력선교에 이르게 된 선교신학의 흐름을 국제선교협의회와 세계교회협의회를 중심으로 제시하고(5장), 에큐메니칼 협력선교의 장애물로서 선교와 교회의 이중구조, 기부자 증후군-의존자 증후군, 권력의 불평등으로서의 동역의 문제를 다룬다(6장). 그리고 에큐메니칼 협력선교의 신학적 쟁점으로 교회와 선교의 이분법, 선교협력으로부터 공동의 증거로의 전환, 하나님의 선교로서의 에큐메니칼 협력선교를 다루고자 한다(7장). 마지막으로 에큐메니칼 협력선교의 선교신학적 의의와 과제를 제시하고자 한다(8장). 이 글은 에큐메니칼 협력선교의 사례를 예장 통합으로 제한한다. 그리고 좋은 많은 사례들이 모두 수록된 것이 아님을 밝힌다. 앞으로 보다 많은 사례들을 발굴하고 선교신학적 관점에서 논의하는 것이 필요하다. 그렇지만 이 글은 한국교회의 세계선교의 장기적 대안이 에큐메니칼 협력선교임을 밝히고자 한다.

2. 한국교회의 세계선교에 대한 세계교회의 부정적 반응[2]

한국교회의 세계선교는 1980년대 후반 교회성장, 무역수지 흑자, 해외여행 자유화, 해외송금 자유화 등에 힘입어 급성장했다. 이제 한국교회는 세계선교사 파송 숫자로는 세계 2위이다. 그렇지만 한국교회의 세계선교에 대한 반응은 안팎으로부터 부정적인 경우가 많다. "한국 교회는 예수 그리스도의 순수 복음은 전

---

2 2장의 첫 문단은 황홍렬, "한국교회의 선교역사" 한국선교신학회 엮음, 『선교학 개론』(서울: 대한기독교서회, 2013), 375-376에서 가져온 것임을 밝힌다.

하지 아니하였고, 교회 성장만을 전파했다."³는 외국의 젊은 신학자의 비판으로부터 선교 프로젝트나 교회 숫자나 업적이 성숙의 결실로서가 아니라 성숙을 대치할 때 "이것은 참 의미로서의 선교가 아니라 선교를 위장한 사업"⁴이라는 비판으로 이어지고, "서구교회와 제3세계 교회의 지도자들로부터 한국교회는 돈 선교를 한다는 비난을 받고", "공산권 국가의 교회로부터 한국교회는 너무 자본주의적이라는 비판도 받는다."⁵ 호주 신학교 협의회의 총무이자 신학교 학장은 "한국교회가 근대에 급속도로 성장한 것은 좋았으나 제 자신이 볼 때는 그들이 세계에서 제일 나쁜 식민지 정책을 사용하고 있는 것 같습니다."⁶고 혹평했다. 이렇게 비판받고 있는 한국교회 세계선교의 태도는 한국초대교회의 산동 선교의 태도와는 정반대이다.⁷ 한국교회의 세계선교가 비판받는 이유는 무엇일까? "개교회는 교회성장의 한 프로그램으로 해외선교에 뛰어들었"⁸기 때문이다. 선교하는 교회, 하나님의 선교에 동참함으로서 교회가 된다는 자세보다는 교회성장의 새로운 항목으로서 세계선교가 각광을 받았기 때문이다. 즉 교회성장의 한 도구로써 선교를 이용했다. 이것은 교회존재 이유가 뒤바뀐 것, 목적과 수단이 바뀐 현

---

3 강승삼, 『21세기 선교 길라잡이』 (서울: 생명의 말씀사, 1998), 7-8.
4 이태웅, 『한국선교의 이론과 실제』 (서울: 한국해외선교회 출판부, 1994), 251.
5 전호진, 『한국교회선교: 과거의 유산, 미래의 방향』 (서울: 성광문화사, 1993), 173.
6 노봉린, "세계선교현황과 한국교회의 선교적 사명" 한국세계선교협의회 편저, 『한국교회선교의 비전과 협력』 (서울: 횃불, 1996), 55.
7 1918년에 파송된 박상순 선교사의 산동선교 보고서는 다음과 같다. "우리선교사업의 수량 또는 질량으로 보아 우리는 다른 어느 나라 선교사업보다 미약하였다.… 중국은 백 수십 종파의 선교사들이 각 사업선상에서 활동하는 현상이나 우리는 아무것으로라도 남이 들을 만하여 볼만하게 내여 놓을 것은 없었다. 그러나 바울이 그의 약한 것을 자랑한 것같이 우리는 우리의 약한 것을 고백하기에 숨김이 없게 하노라 동시에 우리는 우리의 약한 것을 하여 우리 선교 사업을 모든 사람에게 알리게 되었다." 박상순, "산동선교의 현재와 미래" 『신학지남』 78권 3호 (1936), 169. 전호진, "한국교회 선교신학과 선교전략" 『한국교회선교의 비전과 협력』 60에서 거듭 인용.
8 강승삼, 위의 책, 30.

상이다. 그리고 세계선교정책이나 행정, 전략 수립, 선교사 선발, 훈련이 제대로 되지 못했다. 그러므로 세계선교에 대한 평가는 "선교사들을 평가하는 문제보다 선교사들을 파송한 기관이나 단체의 정책적, 전략적 접근이 절실히 재고되어져야" 하며 선교사를 "준비된 자로 생각하는 것보다 준비되어 가는 자들로 받아들여져야"[9] 한다. 또 근원적인 문제는 한국교회의 거품부흥 현상과 영적 자원의 고갈의 문제다.[10] 한국교회의 양적 성장이 질적 성숙으로 이어졌는가 하는 것에는 상당히 회의적이다. 최근 사회적 물의를 일으키고 있는 대형교회 '목회자 세습 문제'가 그 대표적인 사례라 하겠다. 교회의 양적 성장이 선교, 교육, 봉사의 질로 전환되어야 하며 그 뿌리가 예배, 기도와 성경공부, 사귐, 영성훈련이어야 하는데 현실은 그렇지 못하다. 결국 한국교회 세계선교의 문제는 한국교회의 문제라고 해도 과언이 아니다.

2007년 아프간 인질 피랍사태를 접하며 두 가지 의문이 떠올랐다. 하나는 피해자들을 향해 돌팔매질을 하는 한국인들을 보면서 국적이나 종교를 떠나 생명을 소중히 여기는 같은 인간인가 하는 의문이고, 다른 하나는 한국인들로 하여금 무엇이 반기독교적 감정을 이토록 심각하게 갖게 했는가 하는 의문이었다. 한국교회 선교의 위기가 한국교회의 위기에서 비롯됨을 이 사건보다 더 극명하게 보여주는 것이 없다고 생각한다. 탈레반에 피랍된 인질들이, 피해자들이 한국 기독교인들을 대신해 몰매를 맞은 것은 한국 기독교인들이 세상에서 소금 구실을 하지 못하기 때문에 밖에 버려 밟힌 것을 상징하는 행위라고 보인다. 아프간 사태 이후 한국교회와 한국교회의 선교는 달라져야 한다.[11] 그런데 베트남에서

---

9 박영환, "한국교회의 세계선교 평가의 방법론 재고찰" 장순현 편저, 『한국교회 세계선교의 당면 과제와 vision』 (서울; 21세기선교출판사, 2000), 47-48.

10 전호진, 『한국교회의선교: 과거의 유산, 미래의 방향』, 171.

11 황홍렬, "아프간 사태 이후의 선교는 달라져야 한다" 한국기독교장로회신학연구소, 『말씀과 교회』제45호(2008년 1호), 46-87.

베트남교회와 협력선교를 하면서 디아코니아 선교를 하는 김덕규 선교사는 당시 선교지인 빈롱성 NGO 담당자가 '그 사람들 베트남으로 오라 해라. 여기는 얼마든지 하게 해주겠다'고 말했다고 한다.[12]

3. 세계선교역사에 나타난 에큐메니칼 협력선교의 사례들

1) 지겐발크

근대 개신교의 첫 선교사는 1706년 트랑코바르에 도착했던 루터교 선교사 바돌로매오 지겐발크와 하인리히 플루초이다.[13] 지겐발크는 현지어 공부와 현지 종교 연구, 그리고 힌두교도와 회교도와의 지속적 접촉을 시도했다. 그는 타밀어로 된 전도지를 광범위하게 배포했고, 타밀어 성서번역에 참여했다. 특히 그의 교회 개척 방법은 협동적 방법을 사용했다. 즉 트랑코바르에 첫 개신교 교회를 설립할 수 있었던 것은 덴마크와 독일의 긴밀한 연결 속에서 국제적 협력관계를 형성함으로써 가능했다. 그는 지속적으로 덴마크와 독일, 영국과 화란에 있는 대학들을 연결하여 인도에 있는 이교도들을 개종하기 위해 노력했다.[14]

---

12 김덕규, "사회주의에서 자본주의로 가는 사회에서의 미션: 베트남을 중심으로" 대한예수교장로회 세계선교사회, 『PCK 해외선교 리뷰(가칭)』 창간 준비 1호(2013년), 149.
13 데이비드 보쉬는 개신교 첫 선교사를 아메리카 인디언을 선교했던 존 엘리오트라 했다. 그는 성서 번역과 기도마을(대안적 생활신앙공동체) 건설에 주력했다. 데이비드 보쉬 지음, 전재옥 옮김, 『세계를 향한 증거: 선교의 신학적 이해』(서울: 두란노, 1993), 170.
14 이용범, "개신교 최초의 선교사 지겐발크의 협력선교 방법" 대한예수교장로회 세계선교사회,

2) 내한 선교사의 협력선교

한국교회 분열의 주된 원인이 선교사의 신학과 정책 때문이라는 주장에 대해 김인수는 역사적 사실에 근거해서 내한 선교사들이 처음부터 에큐메니칼 정신으로 협력해서 사업을 했다는 것을 밝힌다.[15] 언더우드 선교사는 병자들, 고아들, 노약자들을 위해 구호소를 초교파적 기구로 설립하여 운영했다. 미국 북장로교회 선교부와 호주 장로교 선교부 사이에 협력하여 '장로교 정치를 쓰는 선교공의회'를 조직하여 모든 장로교 선교사들이 참여했다. 언더우드는 북감리교 선교부와 협력사업을 실시했다. 1905년에는 네 개의 장로교회와 두 개의 감리교회가 연합하여 개신교복음주의선교협의회를 구성했다. 이 협의회의 목적은 선교사업에서 협력하고, 한국에 복음주의에 입각한 하나의 교회를 세우는 것이었다.

    선교협력을 위해 지역분할을 실시했고, 이에 따라 교단이 다른 교인 사이의 교환이 이뤄졌다. 선교사들은 교인의 교환에 대해 염려했으나 "교회와 복음을 위하는 일이며, 하나님의 뜻이라면 이론이 있을 수 없다"며 한국교인들은 전혀 이의를 제기하지 않았다. 해당된 한국교인들은 약 12,000명이었다. 이와 같은 "아름다운 일치의 정신"에 대해 테일러 선교사는 이런 일이 미국교회에서 일어났더라면 엄청난 혼란이 일어났을 것이라면서 "그리스도의 십자가가 모든 이유들을 깨끗이 소멸해 버렸다. 한국의 교회는 확실한 진리의 기초, 예수 그리스도, 위에 세워져 있다."고 했다. 선교지 분할과 교인들의 교환은 한국 초기 교회사의 가장 빛나는 에큐메니칼 정신의 발현이라고 했다. 선교사들이 이토록 한국에 단일교회를 설립하려 했지만 이런 시도가 실패한 것은 모국 교회의 비협조

『PCK 해외선교 리뷰(가칭)』창간 준비 1호(2013년), 131-135.

15 김인수, "초기 한국교회 선교사들의 에큐메니칼 정신과 활동에 관한 고찰" 장로회신학대학교출판부, 『장신논단』 제8집(1992), 156-179.

적 태도 때문이었다. 선교사들의 애터는 노력에도 불구하고 인도교회나 중국교회에서 성공한 단일교회 형성이 한국에서 실패한 것은 뼈에 사무치는 한이 아닐 수 없다고 했다.

3) 한국교회의 산동선교[16]

한국장로교회는 총회를 조직하면서 외국선교를 하기로 하고 산동을 정해 선교 답사를 실시한 후 1913년 3명의 선교사를 파송했다. 총회는 "지나에 파송하는 선교사는 자유교회를 설립하지 말고 그 땅 장로회와 연합할 것"[17]을 결의했다. 한국 선교사들은 미국 북장로교 선교부와 협조하에 중화 화북대회 산하 산동 장로회에 속해 사역했다. 1937년 산동 선교에 합류한 방지일 선교사에 의하면 "한국 선교사들에 의하여 설립된 40개의 교회들은 중화 기독교회 산동대회 산하에 있는 래양노회에 속하였다."[18]고 했다. 이처럼 한국 초대교회 해외선교의 특징은 협력 선교와 한국의 교파 이식이 아니라 파송된 지역교회에 소속되어 사역한 것이었다. 국권을 상실한 한국교회의 선교가 힘을 발휘할 수 있었던 것은 국가 권력이나 경제력에 의존한 것이 아니라 선교사, 교인들, 온 교회가 자기 교파 이식이라는 유혹을 물리치고 자기를 부인하는 십자가를 지는 선교를 했기 때문이었다.[19]

---

16 이 부분은 황홍렬, "한국교회의 선교역사" 한국선교신학회 엮음, 『선교학 개론』 (서울 : 대한기독교서회, 2013), 365-366에서 따온 것임을 밝힌다.

17 〈예수교장로회죠션총회 데이회 회록〉, 1913, 25. 한국기독교역사연구소, 『한국기독교의 역사II』, (서울: 기독교문사, 1995), 134에서 거듭 인용.

18 방지일, 『복음역사반백년』 (광주: 반도문화사, 1986) 62. 박기호, 『한국교회 선교운동사』, 82에서 거듭 인용.

19 일부 '2세대' 선교사들이 보여준 인종차별주의적 태도가 반영된 사건의 하나가 1925년 여름 자기 집 과수원의 사과를 따먹은 어린이 이마에 염산으로 '도덕'이라 쓴 '허시모 사건'이었다. 그 해 12월 방한한 세계교회 지도자인 존 모트의 방한을 계기로 선교사와 한국교회 사이의 갈등을 해소시키려 했는데 이 자리에서 한석진 목사의 선교사에 대한 대단히 비판적인 발언을 했다. "선

4. 한국교회 세계선교의 에큐메니칼 협력선교의 모범적 사례들[20]

1) 체코에서의 에큐메니칼 협력선교(1997-현재)

이종실 선교사는 예장 총회 세계선교 업무를 담당하던 간사였지만 1993년 체코로 출국하면서 선교사 신분으로 가지 않았다. 왜냐하면 총회와 체코형제복음교회 사이에 에큐메니칼 선교협정이 맺어지지 않았기 때문이었다. 1997년 양 교회 사이에 선교협정이 맺어진 후 이종실 선교사는 선교사 훈련을 받고 총회 파송 선교사로 파송되었다. 그는 체코교회의 좋은 전통을 배우고, 양 교회 사이의 문화적 차이를 극복하며, 참된 의사소통이 이뤄지고, 양 교회 사이의 선교협력이 이뤄지기까지 배우며 기다리는 선교사였다. 그가 그 과정에서 깨달은 것은 체코교회가 신학적으로 깊이가 있고 역사와 전통이 오래되었지만, 교회가 선교적 본질을 지닌 점을 제대로 인식하지 못함을 알게 되었다. 그래서 그는 체코교회, 슬로바키아교회로 하여금 선교적 본질을 지니고 있음을 자각하도록 다양한 방법을 통해 깨우치려 노력했다. 그는 체코 신학교에서는 선교학이 가르쳐지지 않는 것을 알고 선교학 관련 주요 도서를 번역하고, 2006년에는 중앙유럽선교연구센터

교사업을 성공시키며 가장 효과적으로 하려면 선교사가 한 나라에 오래 머물러 있지 말고 교회의 기초가 서게 되면 그 사업을 원주민에게 맡기고 다른 곳에 가서 새로 일을 시작하는 것이 좋은 것이다. 선교사들이 한 곳에 오랫동안 체류하면 자기가 세운 교회며 학교라는 생각으로 우월감을 가지고 영도권을 행사하려고 하게되니, 이것은 참된 복음 정신에 위배되며 교회 발전에 방해가 될 뿐이요 조금도 도움이 안된다." 채필근, 『한국기독교의 개척자 한석진과 그의 시대』, 한국기독교역사연구소, 『한국기독교의 역사 II』, 174에서 거듭 인용. 여기서 중요한 문제의 하나는 선교사들의 교적이 한국교회가 아니라 파송교회인데도 한국교회 정치에 깊숙이 관여한다는 점이다. 이것이 초대 한국교회가 중국교회 소속으로 선교사를 파송한 이유로 해석해야 할 것이다.

20 여기에 소개하는 아홉 가지 에큐메니칼 협력선교의 사례들은 이 책에 실려 있지만 이 글의 자기완결성을 위해 요약하기로 한다.

를 창립하여 목회자들과 교회들이 선교적 자각을 하도록 잡지를 발간하고 정기적으로 세미나를 열고 있다. 그리고 2010년에는 류광현 선교사를 후임으로 받아 지난 20년 가까운 기간 동안 쌓아올렸던 에큐메니칼 협력선교의 토대를 계속 이어가려 노력하고 있다.

체코 이종실 선교사의 사례는 십자가의 선교, 여백의 선교, 무위(無爲)의 선교라고 할 수 있다. 이종실 체코 선교사처럼 선교를 위해 많이 준비하되 선교지에 가서는 인간적 수단을 내려놓고 그들을 이해하려 노력하고 그들로부터 배우려 하는 가운데 선교지에서도 하나님의 파송을 기다려야 한다. 하나님의 침묵은 견디기 힘들지만 그 기간이 진짜 선교사가 만들어지는 시간이라 했다. 이는 여백의 선교라 할 수 있다. 선교를 위해 여러 가지 준비를 하고 가지만 선교지에 가서 선교지 사람들로부터 배우며 하나님의 인도 하심을 기다림을 통해, 선교사 활동의 여백을 통해 성령께서 활동하실 공간이 열린다. 이종실 선교사는 우리 총회와 체코형제복음교회 총회 사이의 교단 관계도 본인이 만든 것이 아니라 다른 사람이 만든 문제를 체코형제복음교회 총회가 요청해서 개입하다가 만들어졌다고 했다. 이것은 무위(無爲)의 선교라 할 수 있다. 자신의 뜻과 주장을 부인하고 오히려 자신의 어리석음을, 연약함을 성령 하나님 손에 맡길 때, 하나님께서 우리를 통해 새 일을 하신다. 거꾸로 우리가 우리의 뜻대로, 우리의 강함과 지혜로 선교사업을 다 만들어 놓고 하나님께서 도와주시기를 바라는 것은 하나님이 우리의 주되심을 부인하는 죄를 저지르는 것이다.[21]

---

21 황홍렬, "아프간 사태 이후의 선교는 달라져야 한다" 한국기독교장로회신학연구소, 『말씀과 교회』 제45호(2008년 1호), 83.

2) 태국에서의 에큐메니칼 협력선교(1986-현재)

태국교회와의 예장 통합과의 협력선교사례는 교회분열이 선교에 얼마나 치명적인 약점인가를 보여주는 반면에 에큐메니칼 협력선교가 느리지만 장기적으로 큰 효과를 내고 있음을 보여준다. 해방 후 1956년에 첫 선교사 최찬영 선교사와 김순일 선교사를 파송했던 예장총회가 1959년 통합과 합동으로 분열하면서 최찬영 선교사는 통합으로, 김순일 선교사는 합동으로 나뉘게 되었다. 최찬영 선교사는 당시 "집회를 인도하러 나가서도 한국교회의 분열에 대한 질문을 받을 때마다 쥐구멍을 찾고 싶은 심정"[22]이라고 했다. 분열된 교회로서는 선교하기 어렵다는 것을 보여준다. 이것이 과거의 문제가 아니라 오늘 한국교회 세계선교의 문제이기도 하다. 같은 교단에서 파송된 선교사들도 일부는 태국기독교총회(Church of Christ in Thailand, 이하 CCT)나 태국복음주의협의회(The Evangelical Fellowship of Thailand, 이하 EFT)와 협력해서 사역하지만, 일부는 태국교회와 무관하게 독자적인 선교를 하고 있다. 이렇게 현지교회와의 협력도 안 될 뿐 아니라 같은 교단 출신 선교사들도 협력이 잘 안 되어 한국교회의 태국선교에서는 교회분열이 큰 장애가 되고 있다. 한인 선교사들 중에는 팀사역을 한다면서도 실제로는 개인적 사역을 하는 경우도 많다.

그렇지만 예장통합 총회가 CCT와 선교협력을 맺은 이후로 지난 17년 동안 선교 협력 틀 안에서 협력 선교, 동반자 선교를 해왔다는 점은 태국 선교에서 대단히 큰 의의가 있을 뿐 아니라 한국교회의 세계선교 사례에서도 매우 중요한 모델로 생각된다. 협력선교, 동반자 선교의 내용으로는 허춘중 선교사가 중심이 된 메솟 난민촌 사역, 라오스 복음주의 교단, 미얀마 교단, 캄보디아교회협의회 등 현지 교단과의 협력사역, 메콩 6개국 지속가능한 발전 프로젝트를 위한 실무자

---

22 최찬영, "태국서 온 편지" 『새가정』 제7권 7호(1960년 7월), 28.

교육 등이다. 교회개척 사역은 초기에는 CCT가 강조하지 않았으나 최승근 선교사가 부임한 1999년 이후 적극적으로 사역을 하게 되어 협력하고 있다. 교육사역은 미 장로교회선교부가 제2차 세계대전 이후 교회개척과 순회전도로부터 교육선교로 선교전략을 전환한 이후 교육사역의 현장이 증가하고, 직간접적으로 협력하고 있다. 신학교와 신학생 양성은 두 개의 인증된 신학교와 산족을 위한 부족별 무인가 신학교에서 협력하는 데 맥길버리 신학교의 경우 조준형 선교사가 시작했다가 현재는 염신승 선교사가 담당하고 있다. 사회복지사역은 취약 분야인데 총회 사회봉사부가 에이즈 사역, 슬럼가 유치원, 고아원, 매춘녀를 위한 직업학교교육 등의 사역에 협력하고 있다. 목회자와 평신도 지도력 육성 분야에서는 우돈타니에 조준형 선교사가 전도훈련원을 세워 협력하고 있다. 그 밖에 디아스포라 한인사역과 세계선교와 인접국가 선교사역에서 협력하고 있다.[23] 통합 자체 내에서 태국교회와 협력하는 것으로부터 한인선교사들과의 협력 선교로 확대하고 태국교회와 협력하여 인도차이나 선교로 확대하는 것이 과제이다.[24]

3) 필리핀에서의 에큐메니칼 협력선교(2003-2010)

필리핀에 개신교 선교가 시작된 것은 1899년 미국 장로교 선교사인 제임스 로저에 의해서였다. 그는 처음부터 필리핀교회의 하나 됨을 지향했다. 이 꿈을 공유했던 필리핀 교회 지도자들의 노력으로 1948년 필리핀그리스도연합교회(United Church of Christ in the Philippines, 이하 UCCP)가 설립되었다. 그런데 1974년 UCCP 총회는 사반세기가 지나도 여전히 서구교회의 재정에 의존하는 현실

---

23 최승근, "태국에서의 동반자 선교에 관한 연구 –총회현지선교사회(PCKT)와 태국기독교단(CCT)과의 선교협력을 중심으로" 장로회신학대학 미간행 석사학위논문(2010년), 105-121.
24 황홍렬, "한국교회의 태국선교" 한국선교신학회 편, 『선교신학』 제34집(2013, vol. III), 495-496.

을 극복하기 위해서 모라토리엄(서구교회의 선교재정과 선교사 수용 중단)을 선언했다. 〈선교동반자〉라는 정책문서를 따라 지교회가 분담금을 내서 선교재정을 마련하고, UCCP가 초청한 선교 동역자(coworker in mission)를 통해 필리핀 교회의 발전을 지향했다. 2002년 UCCP와 예장 총회(통합)와 기장 총회가 선교협약을 맺어 2003년부터 2010년까지 한경균 선교사를 통해 에큐메니칼 협력선교가 전개되었다.

선교 동역자로서 한경균 선교사는 배우는 선교사, 기다리는 선교사였다. 그는 자신의 사역지인 타갈록서남노회와 지교회를 이해하고 상황을 파악하기 위해 1년 반의 시간을 보냈고, 노회 임원들과 호흡을 맞추며 UCCP의 협력선교의 정책을 배우며 그들이 자신에게 기대하는 것이 개인적으로 탁월한 선교 동역자가 아니라 친구로서 함께 하는 선교 동역자라는 것을 깨닫기까지 긴 시간을 보냈다. 한경균 선교사의 주된 사역은 교회발전, 지교회 건축 지원, 청년지도자학교, 목회지도력개발 등이지만 이 사역들은 따갈록서남노회가 그에게 요청한 것이고, 사역의 과정도 철저히 노회와 협력해서 이뤄졌다.

필리핀에서의 에큐메니칼 협력선교가 한국교회의 세계선교에 공헌한 것은 서울북노회와 타갈록서남노회 사이에 협력선교를 이룩한 점이다. 한경균 선교사는 자신의 소속 노회인 서울북노회에 2004년 양 노회 사이의 협력선교를 제안했고, 서울북노회는 1년 연구후 필리핀노회와 선교협정을 맺어 협력선교를 실시했다. 서울북노회는 따갈록노회의 지교회 건축을 지원하고, 목회자 지도력을 개발할 때 필리핀노회가 선정한 목회자의 훈련비의 일부를 지원했다. 그리고 필리핀교회의 필요에 부응하는 협력선교를 통해 필리핀 교인들의 자존감을 세우고, 필리핀교회를 강화시키는 데 기여했다. 필리핀교회의 강화는 예배당 건축도 중요하지만 목회지도력 개발과 청년지도자 양성을 통해 이뤄진다. 에큐메니칼 협력선교의 신학적 토대는 하나님의 선교이다. 문제는 필리핀교회보다는 필리핀 내

한국 선교사들과의 협력이 어렵다는 점이다. 일부 교단은 하나 된 필리핀교회에 장로교회를 재건하는 것을 선교목표로 세우기도 했다. 이는 교회일치를 향한 선교가 아니라 교회분열을 초래하는 역선교이다. 그런 점에서 통합 측 필리핀선교회가 선교 30주년을 맞아 전문화, 지역화, 집중화 선교정책을 수립한 것은 큰 의의가 있다.

4) 일본에서의 에큐메니칼 협력선교: 재일대한기독교회의 사례

최초의 한인교회인 동경교회는 장로회와 감리회가 연합하여 1908년에 세웠다. 재일대한기독교회(Korean Christian Church in Japan, 이하 KCCJ)는 출발부터 에큐메니칼적이었다. 1968년 선교 60주년을 맞으면서 KCCJ는 개인주의적 신앙생활을 회개하고, 차별받는 재일동포의 삶과 함께하겠다는 고백과 함께 재일동포의 인권문제를 선교적 과제로 받아들였다. 1970년대 재일동포 2세들에 대한 취직 차별, 공영주택 입주 거부, 외국인등록증 지문채취 등의 문제가 제기되었다. KCCJ는 1974년 〈마이너리티 문제와 선교〉 국제회의를 개최했고, 회의 결과 재일한국인권문제연구소를 설립하여 지속적으로 인권문제를 제기했다. 일본그리스도교협의회와 연대하여 1970년대 조국의 민주화 운동에도 동참했으며, 1980년대 외국인 지문날인 철폐운동에 앞장섰다. KCCJ는 남북의 평화적 통일을 위해서도 많은 기여를 해왔다. 남북한 왕래가 어려운 상황에서 WCC가 1984년 일본에서, 1986년 스위스에서, 남북교회의 만남을 주선하자 KCCJ는 조국의 평화적 통일을 위해 남과 북, 해외교회 기독자들이 함께 대화하고 기도하며 통일 방안을 찾도록 하는 것이 선교적 사명이라는 자각을 하여 1990년 〈조국의 평화통일을 위한 기독자 동경회의〉를 개최했다. 이 회의는 남북한 교회의 왕래가 이뤄지는 2002년까지 8회에 걸쳐 열렸다. KCCJ는 역량의 한계로 조국의 평화통일을 위해 조국교회(7개 교단), 일본교회, 세계교회들(WCC, CCA, WCRC, 미국, 캐나다, 호주교회)과 연대를 했다. KCCJ는 작은 마이너리티 교회이지만 세계적인 에큐메니칼 네트워크를 가지고 있다.

　KCCJ는 다른 사례와 달리 처음부터 한인교회들로 이뤄진 에큐메니칼 협력선교의 틀을 자체에 갖추고 시작했을 뿐 아니라 시간이 지나면서 인권 선교, 통일 선교를 자신의 선교적 과제로 받아들여 적극 참여했다. 이 과정에서 일본교회뿐 아니라 조국교회들, 세계교회들과 연대하는 세계적 에큐메니칼 네트워크를 발전시켰다. 역설적인 것은 KCCJ가 마이너리티교회였기 때문에 어려운 선교적 과제들을 감당하기 위해 세계교회와의 연대가 불가피했다는 점이다. KCCJ의 에큐메니칼 선교의 과제로는 재일동포 2, 3세, 더블(다문화가족), 뉴커머 등 다양한 재일 다문화 한인들의 포괄적 정체성을 수립하고, 확대된 소수자(피폭, 장애 등)들을 수용하고, 여성의 지위를 강화하며, 청년·학생의 정체성을 확립하고, 국제무대에서 활동할 일꾼들을 양성하고, 선교신학을 재수립하고 새로운 선교전략을 개발하고, 다양한 소수민족들과의 네트워크를 구축하고 연대하는 일 등이다.

5) 메콩, 인도차이나에서의 에큐메니칼 협력선교

인도차이나 반도는 오랜 서구의 식민 통치와 전쟁, 내전, 사회주의를 거치면서 역사의식의 부족과 전통과 질서에 순종하라는 소승불교의 가르침 때문에 시민들의 권리의식이 약하고, 저항정신이 억압받고 있다. 그렇지만 이들 국가들은 소수민족이 공존하는 다인종, 다문화, 다언어 등 다원적 사회로 구성되어 있으며, 계급 계층의 갈등이 깊은 사회이다. 이러한 역사적, 사회적 배경을 고려하여 WCC와 아시아교회협의회(Christian Conference of Asia, 이하 CCA)는 1990년대 초에 에큐메니칼 선교와 교회 간 협력을 위한 베트남 라오스 캄보디아 프로그램

(Vietnam Laos Cambodia Program)을 시작했다. 이 프로그램은 세 국가 교회의 지도자들에게 에큐메니즘을 소개하고 에큐메니칼 교회를 형성하며 발전하도록 선교 능력을 강화하는 사회발전 프로젝트를 지원했다. 그리고 CCA가 1998년부터 메콩지역교회들의 목회와 선교의 능력을 강화하고, 에큐메니칼 교회를 형성하게 하기 위해 메콩 에큐메니칼 협력선교 프로그램(Mekong Ecumenical Partnership Program, 이하 MEPP)을 시작했다. MEPP는 메콩 강이 흐르는 중국 운남성, 버마, 태국, 라오스, 캄보디아, 베트남 등 6개국을 사업권으로 삼고, 지역의 공동과제와 각 국가별로 필요한 사업을 나눠서 진행했다. 이를 위해 MEPP는 각 국가 교회협의회와 회원 총회의 사회선교 책임자로 구성된 프로그램 운영위원회를 구성해서 정기적 회의를 통해 지역의 에큐메니칼 선교의 주제를 선정하고, 새로운 사업을 구상하며 그동안의 선교활동에 대한 평가를 했다. 허춘중 태국 선교사가 MEPP를 담당했었다. MEPP가 각 국가 교회의 능력강화를 위해 선정한 7가지 주제는 교회의 지도력 강화를 위한 훈련과 교육, 인권과 여성과 어린이의 존엄성 및 권리 의식 증진, 난민과 국내난민과 이주노동자 선교, 빈곤퇴치와 기본적 질병(HIV/AIDS) 퇴치, 환경과 생태계 보전, 국가와 교회 간의 이해증진, 교회연합과 일치 및 타종교와의 대화 등이었다.

　MEPP는 에큐메니칼 선교를 통해 에큐메니칼 교회를 형성한다는 점에서 큰 의의를 찾을 수 있다. 또 메콩 강이 하나인 것처럼 그 강이 흐르는 교회들이 하나 되어 전쟁이나 내전, 사회적 갈등으로 인한 상처를 치유하고, 가난과 정치적 억압을 극복하는 과정에서 에큐메니칼 교회를 형성하기 위해 공동의 선교적 과제와 각 교회의 선교적 과제와 씨름하고 있다. 그렇지만 신학교육이나 일반교육이 부족하고, 국가와 교회가 모두 가난한 상황에서 이러한 선교적 목회적 신학적 과제를 해결하기가 쉽지 않다. 한국교회의 세계선교는 이러한 교회들의 강화가 21세기 세계선교의 중요한 과제임을 받아들여야 할 것이다.

6) 동아프리카 장로교회와의 에큐메니칼 협력선교(1997년-현재)

이원재 선교사가 동역하는 동아프리카 장로교회(Presbyterian Church of East Africa, 이하 PCEA)는 케냐의 장로교회로서 전 세계에서 장로교회로서는 가장 큰 교회이다. 케냐의 기독교인 비율은 약 82%이다. 그런데도 한국의 복음주의 선교단체와 교회들이 케냐에 끊임없이 선교사를 보내고, 케냐를 방문하는 단기선교팀의 숫자도 엄청나다. 이원재 선교사는 목회하는 신학생으로부터 한국선교사의 물량공세 때문에 교회를 떠난 교인들을 말하며 '이래도 되느냐?'는 질문을 받았고, 우연히 비행기에서 만났던 대만교회 지도자가 한국교회의 일방적 선교는 '침략'이라는 비판을 들었다. 그는 케냐에서의 한국 선교의 자화상을 "네 시작은 창대하였으나 네 나중은 미미하리라"고 했다. 실제로 케냐에 처음 도착했을 때 한인 선교사가 운영하는 신학교가 8-9개였지만 현재는 1-2개라고 한다.

특이한 것은 그가 동역하는 교단이 선교유예(moratorium)를 주창했던 존 가투가 총회장을 지냈던 교단이라는 점이다. 선교유예는 선교 자체를 부정하는 것이 아니라 현지교회의 자립과 강화를 위해 서구 교회의 선교 인원이나 재정지원을 일시적으로 중단하는 것임을 필리핀교회의 사례에서 보았다. 이를 부정적으로 평가하는 것은 선교에 대한 이해가 부족하기 때문이다. 로잔언약도 상황에 따라 선교유예를 인정한다. 이원재 선교사는 그런 교단에서 처음이자 마지막으로 교구목사가 되었다. 이 과정에서 그는 배우는 선교사, 기다리는 선교사가 되었다. 그는 PECA 총회장으로부터 받은 헌법, 역사, 예전집을 받아 공부했고, 회의에 참여해 의사결정과정, 교회운영 방법, 각종 예전과 의식 등에 대해 배웠다. 그러나 PECA와 본 교단 사이에 선교협정을 맺기까지 그는 10년을 기다려야 했다. 이런 기간이 오히려 그가 신학교육을 할 때 큰 도움이 되었다고 했다. 15년 신학교육에 참여하니 교단 소속 목회자의 40% 정도가 이원재 선교사로부터 배워 다양한 협력이 이뤄지고 있다. PECA는 큰 교단이지만 타문화권 선교에 대한 관심이 적고 기독교교육이 빈약한 편이다. 아프리카 신학교 중 기독교교육학과가 있는 신학교가 거의 없다. 이런 상황에서 그는 기독교교육학과와 연구소를 설립하기 위해 노력하고 있고, 현지에 적합한 기독교 교육교재를 개발하기 위해 자료를 모으고, 현지 교수진과 사역자를 양성하여 교재 개발까지 준비하고 있다. 이를 위해 주님의 교회가 PECA를 후원하고 협력하고 있다. 이는 한국교회의 아프리카 선교가 21세기에 공헌할 가장 귀한 부분이 될 것이라 생각한다.

그는 에큐메니칼 협력선교의 장단점을 다음과 같이 제시했다. 장점은 일방적 선교가 초래하는 교회분열과 재산권의 문제 등을 사전에 방지하고, 사역의 연속성과 교회일치를 증진시키는 점이다. 에큐메니칼 협력선교가 어려운 점은 에큐메니칼 선교에 대한 이해가 다르고, 양자의 힘의 불균형 문제 때문에 혼란이 생기고, 선교사가 교단 대표와 협력하다보니 귀족화 될 위험성, 선교사의 능력에 따른 차이, 철저한 자기비움의 어려움, 그리고 시간과 인내의 어려움 등이다.

7) 영등포노회·가나장로교회·독일 팔츠주교회의 에큐메니칼 협력선교(2002년-현재)

독일 팔츠주교회는 1980년대부터 가나장로교회와 에큐메니칼 선교협력을 통해 평신도 훈련과 조산원, 학교 등의 프로젝트를 지원해왔다. 독일교회가 재정이 축소되는 시기에 가나장로교회가 새로운 선교협력을 제안해 왔을 때 독일교회는 아프리카 선교에 관심이 있는 한국교회와 연결하려 했다. 독일 팔츠주교회는 1984년에 예장 총회(통합)와 교류협력을 맺었다. 독일 팔츠주교회의 제안을 받은 영등포노회가 2000년 5월에는 한·독 교회협력위원회를 만들었고, 10월에는 가나장로교회 볼타노회와 자매결연을 맺기로 결정하여 한·독 교회협력위원회를 한·독·가 교회협력위원회로 확대 개편했다. 세 개 교회 에큐메니칼 협력선교에 참여하는 가나 이명석 선교사는 영등포노회가 독일 팔츠주교회와 선교협력을 하게 된 것을 통해 한국교회의 개교회중심주의를 극복하고, 에큐메니칼 선교를 할 수 있는 계기가 되었다고 했다. 그렇지만 양자 교회 간 에큐메니칼 선교협력이 아니라 세 교회 간 에큐메니칼 선교협력은 세계선교 역사상으로도 드문 일이기에 어려움이 많았다. 가나교회는 협의체 중심의 리더십으로 의사결정이 이뤄진다. 독일교회는 계획적인 결정구조를 가진 교회정치를 한다. 한국교회는 담임목사에 의해 교회의 의사결정이 빠르게 이뤄진다. 세 교회들이 가나식으로 서로 존경하는 분위기 속에서 같이 머리를 맞대고 의논하고, 독일식으로 미리 계획하여 단계별로 추진하면서 여러 교회 구성원들의 참여를 독려하고, 한국식으로 한 번 맡은 일에는 역동적으로 추진하고 끝마무리가 될 때까지 책임을 지는 그런 단계까지 성숙하기에는 10여 년의 시간으로도 부족했다. 또 서로를 비판적이고 방어적인 시각으로 보기보다는 공감의 눈으로 바라보는 데까지도 수많은 교류와 시간을 필요로 했다. 이명석 선교사는 세 교회 간 의사소통에서 상대방을 비판하지 않고 상대방을 있는 그대로의 모습으로 받아들이며 서로를 존중하는 의사소통의 방식을 어떻게 진전시키느냐에 선교협력의 성패가 달려 있다고 했다.

그는 에큐메니칼 협력선교의 의의를 교회의 본질적 선교사명과 교회의 사회적 책임을 더 깊이 자각하게 된 것과 평신도의 교회 안에서의 역할에 대한 재발견, 청년들과 여전도회의 선교 참여 등이라고 보았다. 그는 에큐메니칼 협력선교의 장점이 상대 교회를 통해 자신의 교회를 돌아보면서 스스로에게 감춰진 부분들이 드러나고, 거기에 예수 그리스도의 시각으로 문제제기하는 과정을 통해 교회갱신의 새로운 발판을 갖게 된 것, 그리고 서구교회가 식민지 선교에 대한 죄책감 때문에 아프리카 교회들이 요구하는 것을 거절하지 못하고 따르는 의존적 상황 속에서 역사적 빚을 지지 않은 한국교회가 두 교회 사이에서 중재자 역할을 한 것이라고 보았다. 또 이명석 선교사는 독일교회 대표가 양 교회를 방문하면서 교회 안의 내부갈등과 오해를 불식시키는 역할을 한 것도 장점으로 보았다. 에큐메니칼 협력선교의 단점은 위에서 지적한 대로 참된 의사소통과 협력선교가 이뤄지기까지 상당한 시간과 인내가 필요하고, 상대 교회 안에 자리잡은 문화를 상대방의 눈으로 바라보고 수용하는 아량이 쉽게 터득되는 것이 아니라 주님의 도우심이 필요하다고 한 점이다. 그는 에큐메니칼 협력선교의 전망으로 협력선교가 시간이 흐름에 따라 물질적인 것으로부터 영적인 것으로 깊어지고, 다시 삶의 전체적 영역으로 확대된다는 것을 2013년 경남 산청의 기독교수도원에서 세 교회가 함께 했던 수련회를 통해 깨달았다. 동양적 영성과 아프리카적 열정, 서구 기독교의 전통이 조화롭게 융화된 에큐메니칼 협력선교를 이루는 것이 앞으로의 과제라 했다.

8) 멕시코에서의 에큐메니칼 협력선교(2015년-현재)

파라과이, 아르헨티나, 칠레, 멕시코, 쿠바 등에서 선교사로 활동을 하다 2013년부터 멕시코에서 선교사로 활동하는 홍인식 박사는 1980년대부터 교회성장의 한 프로그램으로 활성화된 한국교회의 세계선교 30년에 대한 현지 교회 목회자와 신학자들의 부정적 평가를 전한다. 한국 선교사들은 대체로 현지 교회와 협력하지 않고 단독 형태의 선교를 하고, 현지 목회자들에 대해 우월감을 갖고 있으며, 사업 위주의 사역을 하되 이미 이룩한 사역에 대해 현지인들의 리더십을 인정하지 않으며, 제왕적 모습을 보이고 있다. 그는 이러한 평가의 원인을 선교와 선교 대상에 대한 기본적 이해의 부족에서 찾았고, 이는 세계화된 사회에서 오직 한 국적인 사고와 접근방법을 갖고 있기 때문이라고 보면서 이러한 접근방식으로는 선교가 가능하지 않을 뿐 아니라 오히려 선교의 장애를 초래하거나 반선교적 활동을 초래할 것이라고 했다. 그는 대안으로 하나님의 선교를 수행하는 에큐메니칼 협력선교로의 방향전환을 제시했다. 그는 '에큐메니칼' 단어의 어원인 '오이쿠메네'가 '집(오이코스)'이라는 뜻에 착안해서 '나의 집' '너의 집' '우리 집'이라는 세 개념으로 에큐메니칼 협력선교를 제시한다. 먼저 '나의 집'은 자기 교회의 역사와 문화에 뿌리는 내리면서 복음의 본질에, 성서에 충실한 삶을 살기 위해 노력해야 한다. 즉 유행이나 경쟁에 기초한 감성적으로 흥분된 선교가 아니라 비판적 성찰에서 출발하는 선교로 변화되어야 한다. '너의 집'은 우리가 다른 사람을 방문할 때 예의와 그 집안의 문화를 지켜야 하는 것처럼 선교가 일방통행이 아니라 쌍방 통행임을 명심하고, 상대방을 무시하는 제국주의적 정복적 선교가 아니라 상대방의 존재를 인정하고 소중히 여기며 상대방의 동의를 구하는 태도로 선교를 해야 한다. 제국주의적·정복적 선교는 상대방을 정복함으로써 '나의 집'의 확산을 도모하지만, 에큐메니칼 협력선교는 '나의 집'이나 '너의 집'만을 확산하는 것이 아니라 이 땅에 하나님 나라를 이루기 위해서 '나의 집'과 '너의 집'이 서로 다르지만 아름답게 조화를 이루는 '우리 집'을 세워가는 것이다.

멕시코 장로교회는 개신교 최대교단으로 교회와 기도처가 6,300개에 달하지만 목회자는 1,500명에 불과해 목회자가 매우 부족한 상황이다. 아르헨티나 연합신학교에서 박사학위를 받은 홍인식 선교사는 아르헨티나 연합신학교와 쿠바 개신교신학대학에 이어 멕시코 장로교신학대학교에서 교수로 사역하고 있다. 그는 본 대학으로부터 공식 주임교수로 초빙을 받아 선교학과 조직신학을 가르치고, 논문 발표 등 학술활동을 하며, 지방 신학교를 방문하여 목회자를 양성하고, 기존 목회자들에 대한 재교육을 실시하고 있다. 교수 선교사로서의 그의 사역은 멕시코 장로교신학대학교가 주택과 기타 비용을 지불하고, 한국 교회가 그의 생활비를 감당하는 등 양 교회가 재정적으로 협력하고 있다. 교수 선교사는 역사가 131년이 된 중남미 지역의 가장 중요한 신학대학 중 하나인 멕시코 장로교신학대학교에서 사역하기 때문에 신학교를 건축하거나 운영하는 비용이 불필요할 뿐 아니라 목회자를 양성하고 기존 목회자를 재교육하기 때문에 저비용 고효율 구조의 선교이다. 예장 총회와 멕시코 장로교회와의 선교협정의 원칙은 통전적 선교에서의 협력, 상호배움의 관계, 교류와 협력을 통한 양 교회 관계의 강화와 확장, 양 교회의 행정과 정치를 상호인정 등이다. 향후 양 교회 간 협력선교의 전망은 멕시코 장로교회의 한 제안에서 볼 수 있다. 몬테레이라는 소도시에 최근 기아공장이 세워져 많은 한인들이 이주하고 있는 데 멕시코 장로교회는 나그네와 같은 이주민들을 돌보며 다문화 교회, 다민족 교회를 지향하겠다고 했다. 이제까지 멕시코에서의 한인들을 한인교회가 섬겨왔다. 그런데 멕시코 장로교회가 한인들을 선교함으로써 다문화교회, 다민족교회로 발돋움 하고자 한다. 이를 위해 멕시코 장로교회는 홍인식 선교사의 자문을 받으며 한인 선교를 전담할 한인 선교사의 파송을 바라고 있다.[25] 이는 에큐메니칼 협력선교를 넘어서서 에큐메니칼 교회를 지향하는 길이다.

9) 쿠바에서의 에큐메니칼 협력선교(2003년-현재)

한국 선교사로 쿠바의 첫 공식적 선교사는 홍인식 선교사로 2003년 쿠바 개신교신학대학에서 교수사역을 했고, 쿠바 개혁장로교단의 동역 목회자로 활동했다. 그는 2004년 쿠바 개혁장로교단과 예장 총회(통합)가 선교협정을 맺는데 기여했다. 선교사로 사역한 지 1년 만에 선교협정을 맺게 하는 것은 놀라운 일로 이는 그의 탁월한 언어 실력, 현지 교회에 대한 철저한 이해, 현지 교단과의 꾸

---

25 2015년 10월 1일 부산장신대에서 열린 홍인식 선교사의 선교 특강에서 몬테레이에 대한 언급이 있었는데 참석자 중 본교 졸업생 목사의 남편이 몬테레이의 기아공장 협력업체에서 근무하고 있다는 것을 알게 되었다.

준한 의사소통, 겸손한 섬김과 동역의 결실이라고 쿠바 김성기 선교사는 보았다. 김성기 선교사는 2006년 쿠바 개혁장로교단의 선교 동역자로 사역을 시작했다. 1959년 쿠바 혁명 이후 사회주의 정부에서 교회는 많은 어려움을 겪었지만 소연방 해체 이후 정부의 종교정책은 유연해졌다. 그렇지만 한국 선교사가 쿠바에서 사역을 하기 위해서 현지교회의 협력 없이는 불가능하다. 김성기 선교사의 현지 교회와의 협력사역은 장로교단 및 목회자 사역 지원, 가정교회 개척사역, 지역교회 순회목회, 한인 디아스포라 선교와 신학대학 사역(신학대학 운영 지원 및 강의, 평신도 지도자 교육, 교회교육 지도자 교육, 해외 신학교와 에큐메니칼 협력) 등이다.

　쿠바 개신교 신학대학과 한국 장로회신학대학 사이의 신학교류 협정은 홍인식 선교사가 중재하여 2004년 체결되었다. 2015년 1월에는 장로회신학대학 총장이 쿠바를 방문하여 협력에 대한 세부 실천사항을 수정하고 보완하여 신학교류 협정을 재체결함으로써 신학교류가 보다 적극적으로 이뤄질 토대를 마련했다. 이는 양 교회 사이의 에큐메니칼 협력선교가 신학교류로 발전할 것으로 전망이 된다. 이러한 진전은 쿠바에서의 한국 교회의 협력선교가 쿠바 교회의 지도자들과 교인들로부터 칭찬을 받으며, 쿠바에서의 한국 선교사의 섬김과 나눔을 통해 큰 희망을 주기 때문에 이뤄졌다. 김성기 선교사는 에큐메니칼 협력선교의 과제로 30년 정도의 신학교육의 정체로 인한 30대-40대 목회자의 절대 부족과 신학대학에 기독교교육 과목의 부재와 이로 인한 기독교 교육 자료와 교재 등이 거의 전무한 상황을 타개해야 할 점을 지적한다. 그리고 그는 쿠바에서의 에큐메니칼 협력선교의 전망으로는 쿠바교회로부터 사회주의 사회에서 교회와 선교의 가능성을 배우며 이는 북한 선교와 사회주의권 선교에 많은 기여를 할 것으로 보았다.

5. 에큐메니칼 협력선교에 이르게 된 선교신학의 흐름

1) 역사적 배경

근대 개신교 선교 역사의 초기에 선교협회는 초교파적이거나 비교파적이었다. 그런데 1820년대에 들어서면서 선교협력의 열정이 식고, 교파적 성격이 강해지기 시작했다. 그러다가 19세기 중반부터 1875년 이전까지의 기간에는 교단 교회들의 국제적 연합이 활발해졌다. 선교지에서 각기 다른 선교기관들 사이의 예양협정(Comity Agreement)을 통해 지역에 교파주의가 나타났다. 이것은 순전히 실용적인 협력이었다. 실용적 생각들은 의도적이지 않았지만 1880년대 이후 신학적으로 교회의 일치에 대한 재발견에 도달하게 되었다. 1910년 에딘버러 세계선교대회는 참된 일치가 참된 선교 없이 이뤄질 수 없다는 것을 암시했다.[26]

2) 에큐메니칼 협력선교의 기원

윌리엄 캐리는 기독교 선교의 일치와 협력을 위해서 매 10년마다 세계선교협의회를 열자고 제안했는데 첫 대회를 1810년에 열 것을 제안했다. 실제로 세계선교대회가 열린 것은 100년 뒤에 에딘버러에서였다. 그 사이 100년 동안은 위대한 선교의 세기였다. 19세기 동안 선교사는 수백 명에서 22,000명으로 증가했고, 전 세계 인구 대비 기독교인의 비율은 23%로부터 34%로 증가했다.[27] 19세기 선교

---

26 데이비드 J. 보쉬 저, 김병길, 장훈태 공역, 『변화하고 있는 선교』(서울: 기독교문서선교회, 2000), 675-676. 번역자들이 에큐메니칼 용어나 내용을 부적절하게 번역한 경우에는 원뜻대로 살렸음을 밝힌다.

27 Wilbert R. Shenk (ed.), *Enlarging The Story: Perspectives on Writing World Christian History* (Maryknoll, New York: Orbis Books, 2002), introduction, xii, Figure 1.

대회를 통해 선교회들은 선교경험을 나누면서 선교활동을 활성화시켰으나, 교파적 위신을 지키기 위한 제한적인 의사전달과 결정 등으로 그들의 선교대회는 지리적으로, 교파적으로 제한되었다.[28] 1910년에 열렸던 에딘버러 세계선교대회는 이러한 한계를 넘어서려는 선교대회로서 의의가 있었다. 뿐만 아니라 이 대회 이후의 계속위원회와 여러 모임을 통해 신앙과 직제 운동, 생활과 사업 운동, 국제선교협의회를 통한 세계선교 등이 활성화되었다. 여기서 우리는 선교지에서 생기는 문제들을 조정하고 협력하기 위해 모인 선교대회를 통해 에큐메니칼 운동이 출발한 것과 에큐메니칼 운동이 신앙고백, 직제, 신학의 일치를 통한 교회일치와 연합, 생활과 사업 등의 복음 실천을 통한 교회 일치와 연합, 복음증거를 통한 교회 일치와 인류의 일치를 지향하고 있음을 알 수 있다. 바꿔 말하면 선교협력과 에큐메니칼 운동은 서로 뗄 수 없는 관계에 있음을 알 수 있다.

3) 국제선교협의회(International Missionary Council, 1921년, 이하 IMC)

예루살렘 대회(1928)는 서구 기존교회(older church)와 신생교회(younger church) 사이의 관계를 비판적으로 주목했지만 기독교 지역과 비기독교 지역을 구분하는 것을 비판하지 않았다. 탐바람 대회(1938)는 기존교회와 신생교회뿐 아니라 교회와 선교의 관계를 진지하게 토론했다. 이 대회는 기독교 국가와 비기독교 국가 사이의 구분을 원칙적으로 폐기했다. 서구에서는 제1차 세계대전, 나치즘, 파시즘에서 보는 것 같이 기독교 이교도들을 보게 되었고, 비서구지역에서는 교회가 뿌리를 내리고 있었다. 기독교 국가와 비기독교 국가라는 지리적 구

---

28 William Richey Hogg, *Ecumenical Foundations: A History of the International Missionary Council And Its Nineteenth-Century Background* (New York: Harper & Brothers, 1952), 16.

분이 중요한 것이 아니라 시구 교회와 비서구 교회의 구분이 문제가 되었다.[29]

제2차세계대전 직후에 모였던 휘트비 대회(1947)의 구호는 "복종 안에서의 파트너십"이었다. 이 대회는 처음으로 서구교회와 비서구교회 사이에 대등한 동역관계를 언급했다. 선교 대위임령을 양 교회의 공동과제로 설정했다. 여기서 참된 동역관계의 성립은 공동의 신앙고백에 그치지 않고 연합행동을 하는 데 있다. 동역관계는 그 자체가 목적이 아니라 선교를 위한 참여로 공동의 과제를 성취하기 위한 도구이다.[30] 휘트비 대회의 의의는 이러한 관계의 변화뿐 아니라 용어의 전환에 있다. 이제까지 '보내는 교회'와 '받는 교회', '모교회(mother church)'와 '자교회(daughter church)'라는 용어를 사용해왔는데 이 대회에서 파트너십이라는 용어를 사용하기 시작했다. 그런데 파트너십이라는 용어가 애매한 것은 대영제국의 정책의 맥락에서 사용되었기 때문이고, 북반부가 권력을 그대로 유지한 채 남반부에게 자치를 허용한 것으로 해석될 수 있기 때문이었다.[31]

빌링엔대회(1952)는 교회 중심적 선교로부터 선교 중심적 교회로의 변화가 일어난 대회이다. 교회는 선교의 출발점이나 목표가 아니다. 하나님의 구원 사역이 교회와 선교에 선행한다. 선교를 교회에, 반대로 교회를 선교에 종속시켜서는 안 된다. 선교와 교회는 하나님의 선교에 속해야 한다. 교회는 보내는 자가 아니라 보냄을 받은 자이다. 가나대회(1958)는 세계선교가 우리 인간의 것이 아니라 그리스도의 것, 하나님의 것임을 확신했다. 중요한 합의는 교회는 선교라는 것, 선교 본부는 모든 곳에 있다는 것, 그리고 협력선교의 의미를 한 교회가 다른 교

---

29 데이비드 J. 보쉬, 『변화하고 있는 선교』, 549.

30 Gustav Menzel & Karl Müller, "Partnership in Mission" in Karl Müller, et. al. *Dictionary of Mission: Theology, History, Perspectives* (Maryknoll: Orbis Books, 1997), 339-340.

31 Samuel Kobia, "Cooperation and the Promotion of Unity: A World Council of Churches Perspective" in David A. Kerr and Kenneth R. Ross(eds.), *Edinburgh 2010 Mission Then and Now*, (Eugene: Wipf and Stock Publishers, 2009), 238.

회를 향한 모든 형태의 후견인 됨을 종식시키는 것으로 보았다.³²

그런데 1950년대에는 파트너십과 관련해서 두 가지 역학관계가 있었다. IMC에 가입한 선교단체들은 선교지에서 선교사의 현존이나 영향력을 줄이고, 지역교회의 자치를 증가시키려 했다. 그런데 제2차세계대전으로 파괴된 국가와 난민을 돕기 위해 사회봉사 기관들이 만들어졌다. 이들 기관이 조직되자 그들의 활동범위는 남반부로 확대되었다. 남반부에서 교회 간 봉사 부서들은 사회봉사적 참여활동을 늘려나갔다. 우리는 여전히 두 가지 상반된 역학관계의 결과와 씨름하고 있다.³³

4) 세계교회협의회(WCC)³⁴

IMC의 마지막 선교대회였던 가나대회가 WCC와 통합을 결의한 것은 선교와 교회에 대한 새로운 이해가 더 이상 선교를 지향하는 IMC와 교회일치운동을 벌이는 WCC의 공존이 부조화라고 보았기 때문이었다. 일치와 선교의 이분법은 WCC 뉴델리 총회(1961)에서 IMC가 WCC에 통합됨으로써 극복되었다. 이 통합의 신학적 요점은 일치와 선교가 함께 속한다는 점이다. 교회가 본질적으로 선교적 본성을 지녔다는 점에 대한 재발견은 선교가 기독교적이라고 불릴 수 있는 것은 오직 하나 된 그리스도의 교회에 의해 수행될 때 뿐이라는 발견으로 나아갔다. 여기서 벗어나면 우리는 사람들을 우리의 "교파"로 인도하고, 동시에 그

---

32 데이비드 J. 보쉬, 『변화하고 있는 선교』, 550.

33 Samuel Kobia, "Cooperation and the Promotion of Unity: A World Council of Churches Perspective", 238–239.

34 WCC CWME 멕시코 시 대회(1963), 방콕대회(1973), 멜버른대회(1980), 산 안토니오 대회(1989)에 대해서는 황홍렬, "WCC의 선교이해: CWME대회를 중심으로" 『부산장신논총』,제12집(2012), 264–297을 참조하시오.

들에게 분열의 독을 먹이는 것이 된다. 뉴비긴은 뉴델리 총회 연설에서 "WCC에 속한 교회들에게 이것(통합)은 선교임무가 갱신과 일치의 추구와 대등하게 교회의 삶의 핵심임을 인정하는 것을 의미한다." 그리고 WCC의 헌장에 "공동소명을 성취하기를 소망한다"는 문구를 추가함으로써 WCC가 선교적 특징을 갖게 했다. 선교역사가 스티븐 닐은 이 통합을 교회사의 혁명적 사건이라고 했다.[35]

뉴델리 총회에서 인준된 "교회의 선교적 구조" 연구계획의 수행 결과 선교 목표를 유럽팀은 샬롬, 북미팀은 인간화로 보았다. 이들은 호켄다이크의 영향을 받아 교회와 세상 사이의 구분을 완전히 폐기했다. 보쉬는 이러한 접근방식의 문제를 선교에 대한 지나친 기대로 보았다. 이러한 연구 결과에 영향을 받은 웁살라 WCC 총회(1968)와 방콕 CWME(Commission on World Mission and Evangelism) 대회는 당혹감을 느낄 정도로 교회를 비판하여 보쉬는 "교회 안에는 구원이 없다"고 할 정도였다고 했다. 호켄다이크의 제도적 교회에 대한 비판이 예언자적 심판을 신학적 이상으로 표현한 것은 적절하지만 보쉬는 불합리한 견해가 있다고 비판했다. 보쉬는 겐지헨을 인용해 교회가 존재할 권리가 선험적으로 논란된다면 교회가 세상참여에 대해 말하는 것은 불가능하다는 점을 지적했다. 이러한 분위기는 미국의 흑인인권운동과 베트남 반전운동, 세계적인 68혁명 분위기 등 시대 분위기와도 연계되어 있었다.

1970년대 중반에 시대적 분위기의 전환이 있었다. 선교가 교회적 범주로 이해되지 않으면 선교는 세상을 향한 책임과 세상과의 연대로 말하는 것이 불가능하다. 신학적으로 말하면 기독교 선교는 항상 기독론적이고 성령론적이다. 그런데 신약성서는 교회론적이지 않은 기독론과 성령론을 알지 못한다. 교회는 두 가지 초점을 지닌 타원으로 간주할 수 있다. 하나의 초점은 교회 삶의 원천인 예배와 기도이다. 다른 초점은 교회가 세상과 만나고 세상을 향해 도전하는 섬김, 선

---

35 데이비드 J. 보쉬, 『변화하고 있는 선교』, 678-679.

교와 복음이다. 몰트만의 표현처럼 교회의 정체성은 세상과의 관련성과 참여로 유지된다. 룬트 신앙과 직제회의(1952)는 "교회는 항상 그리고 동시에 세상에서 부름받고 세상으로 파송 받는다."고 했다. 교회는 한편으로는 세상을 섬길 수 있도록 정화되어야 하고, 회개와 변화가 요구되는 하나님의 선교의 대상이다. 다른 한편으로 교회는 사회적, 정치적, 경제적 계획에 무조건 동의할 수 없는 종말론적 공동체이다. 멜버른 CWME 대회(1980년)는 교회를 더 진지하게 다뤘다. 교회와 선교의 통합은 교회에 선교적 성격을 부여했다. 이는 선교의 제도적 성격을 지원했던 예전 IMC 대회로 돌아간 것은 아니었다.[36] WCC의 첫 번째 선교문서인 "선교와 전도: 에큐메니칼 확언"(1982)은 일치와 선교 사이의, 교회일치운동과 복음화 사이의 밀접한 관계를 언급하고 있다. CWME 산 안토니오 대회(1989)는 선교에서의 일치 요구는 교회의 삶에서 세상의 장벽들과 분열을 초월하는 공동체가 되며, 십자가 밑에서 하나 됨의 표시로 사는 것을 포함한다고 했다.[37]

"일치를 통한 오늘날의 선교와 전도"(2000)는 선교와 전도가 많은 문제에 직면한 오늘의 상황에서 교회가 일치 안에서 선교와 전도를 수행할 수 있도록 새로운 사명감을 불어넣으려는 시도에서 만들어졌다. 일부 교회와 선교단체는 선교를 통해 새로운 '고객'을 자신의 교회로 끌어들이는 데 종종 이 '고객'은 다른 교회에 소속된 사람으로 이 문서는 이러한 행위를 '양을 약탈하는 행위'라고 비판하고 경쟁적인 개종강요를 반대한다. 여러 교회가 선교활동과 봉사활동을 단독으로 수행하면서 다른 교회와 중복된 사역을 하거나 경쟁하고 있으며, 이러한 근본주의자와 반에큐메니칼 기독교단체는 증가하고 있다. 초대교회에서 개종주의는 다른 종교로부터 기독교로 종교를 바꾸는 행위를 가리키기 때문에 긍정적 용어였다. 현대의 개종주의는 자유를 남용하여 자신이 속한 교회/교단을 바꾸도

---

36 데이비드 J. 보쉬, 『변화하고 있는 선교』, 567-575.
37 위의 책, 679.

록 강요하는 모습을 가리키기 때문에 증거에 대한 위법 행위이다. 이러한 개종강요는 복음을 위태롭게 만드는 역(逆)증거가 된다. 개종강요에 대한 대안은 공동의 증거다. 비록 분열된 교회라 하더라도 공동의 노력을 통해 모든 교회가 공유하는 하나님의 선물인 진리와 생명을 드러내면서 증거하는 것이다. 공동의 증언은 그리스도인들 사이의 관계와 교제를 풍요롭게 만들고 강화시키기 때문에 건설적이다. 일치 안에서 선교를 하기 위해서는 먼저 이제까지의 선교가 교단적인 틀 안에서 이뤄진 것임을 반성하고, 에큐메니칼 선교로 전환하도록 노력해야 한다. 교회와 선교단체, 동역교회 사이에 협력적이고 구조적인 일치를 이루도록 헌신해야 하고, 선교사와 재원을 지원하더라도 인력과 재원을 양 교회의 동등한 의사결정 과정을 통해 의논하고 합의해야 하고, 상호협력의 정신 아래 서로 배우고 돕고, 양자 사이의 불평등한 힘의 분배를 극복하기 위해 힘의 남용을 경계하고 의존적 관계가 되지 않도록 하며, 정의로운 관계를 유지하도록 노력해야 한다. 선교와 일치는 불가분 관련된다.[38]

WCC의 두 번째 선교문서인 "함께 생명을 향하여"(2012)에 의하면 21세기의 선교는 겸손함 안에서 공동증거를 통해 "승리자"와 "정복자"라는 모습을 극복하고, 진실된 증인은 기독교인의 수적 성장만을 위한 확장주의적인 수단 혹은 경쟁적인 태도와 양립할 수 없다고 했다. 공동 증언은 교회가 심지어 분리되어 있을 동안에라도, 특별히 협력을 통해, 그들이 이미 공통으로 나누고 경험한 진리와 생명의 신령한 선물이 무엇인지 보여주고 교회가 그것을 함께 품는 것이다. 일치의 영인 성령은 다양성 안에서의 연합을 주도적으로 그리고 건설적인 측면에서 기뻐하기 위해 사람들과 교회들을 연합시킨다. 성령은 다름의 문제를 다양성을 기뻐해야 하는 이유로 바꾸셨다.

---

38 세계교회협의회 지음, 김동선 옮김, 『통전적 선교를 위한 신학과 실천』(서울: 대한기독교서회, 2007), 108-148.

6. 에큐메니칼 협력선교의 장애

1) 교회의 이중적 구조

(1) 예장 통합 총회의 이중구조

이종실 선교사가 지적한 것처럼 예장 통합 제67 총회(1982년)는 "에큐메니칼 복음주의 해외선교"를 천명한 이후 미국 연합장로교회와 장로교회, 호주연합교회와 선교관계를 청산하고, 대등한 동역 관계로 들어갔다. "에큐메니칼 복음주의"는 교회론적으로는 "에큐메니칼 선교"를(선교의 주체가 교회, 선교협력 주체도 교회) 주장하고, 선교의 목적은 개인전도와 교회개척에 우선순위를 "복음주의적 선교"를 강조한다. 그래서 총회는 해외교회들과의 에큐메니칼 연대와 동역을 담당하는 "세계선교위원회"와 해외선교를 담당하는 전통적 부서인 전도부의 "국제선교위원회" 등 이원화되었다. 그런데 전도부의 국제선교위원회가 교단 간 협정과 무관하게 독일교회에 선교사를 파송하면서 문제가 발생했다. 이를 계기로 제75회 총회(1990년)는 두 위원회를 통합하여 "세계선교부" 설립을 결의했다. 그러다가 2001년에 세계선교부의 세계선교위원회 업무가 총회장 사무총장 기획국으로 이관되었다. 그래서 현재 총회의 세계선교와 세계교회와의 에큐메니칼 협력관계가 "세계선교부" 설립 이전으로 돌아갔다. 이종실 선교사는 이 문제를 에큐메니칼 협력관계에서 현지교회를 존중하는 것은 신학의 문제이기 전에 통합 교단의 정체성의 문제이고, 세계교회에 대해서는 윤리적 문제라 했다.[39]

---

39 이종실, "PCK의 체코선교 경험"

(2) 한국교회 중국선교의 이중구조

에큐메니칼 협력관계의 장애로서 한국교회의 이중 구조는 통합 총회에 국한되지 않는다. 2014년 6월 14일-19일 사이에 열렸던 〈한중기독교교류 세미나〉에서는 한국의 에큐메니칼 교회와 중국교회, 한국의 복음주의 교회와 중국교회 사이의 관계가 지닌 딜레마가 김종구 목사에 의해 지적되었다.[40] 한국기독교교회협의회(NCCK)와 중국기독교협회(CCC) 대표가 1993년 중국 남경에서 모여 〈제1차 한중교회협의회〉를 개최한 결과 "'한국과 중국에서의 선교의 개별적 책임은 각국의 교회협의회에 속한 것임을 확신'함을 전제로, 양국 교회가 동일한 '동양문화의 유산 산에서 상호 이해와 존중의 정신 가운데 동반자 관계를 수립하고 협력의 영역을 확장해' 갈 것"에 합의했다. 2003년부터 복음주의권 교회와 기관들로 구성된 한국세계선교협의회와 중국 국무원 종교사무국과 중국기독교협회(CCC)사이에 교류가 시작되었다. 주된 관심사는 현대신학의 동향과 교회성장, 신학교육과 기독교육 교류 방안, 이단사이비 대처 등이었다. 양국 교회의 동반 성장을 논의할 창구로 〈한중기독교교류회〉를 설립하기로 했다. 한국기독교교회협의회는 지도력이 1-2년에 정기적으로 교체되어서 지속성의 문제가 있다. 반면에 보수반공을 신앙적 토대로 삼는 복음주의권이 중국의 사회주의 정부기관과의 협력을 어떻게 소화할지 귀추가 주목된다. 더 큰 문제는 중국에 파송된 한국 선교사들 대부분이 복음주의권에 속하는데, "이들 선교사들의 존재와 미래가, 중국 영토 내에서 해외선교사의 종교활동을 금지하는 중국의 조례와, 중국교회의 자주적 선교의 방침과 어떻게 융화될 수 있는가의 문제가 심각할 것이다." 이처럼 에큐메니칼 진영의 에큐메니칼 협력선교와 복음주의 진영의 일방적 타

---

40 김종구, "한국교회와 중국교회 상호교류의 의미와 과제" 〈한중기독교교류 세미나〉 미간행 자료집(2014. 6. 14-19), 29-31.

문화권 선교라는 한국기독교 세계선교의 이중구조는 중국에 국한되지 않고, 세계선교와 에큐메니칼 협력선교가 구조적 문제를 지니고 있음을 보여주며, 궁극적으로는 한국기독교 전체 차원에서, 신학에서 해결해야 할 과제라고 제시한다.

(3) 미국교회의 에큐메니칼운동과 선교의 이중구조

미국장로교회는 세계선교와 에큐메니칼 운동에 모두 적극적이었다. 19세기 말에는 개혁교회 및 장로교회 등 유사한 교파 사이에는 교파 내 연합교회를 설립하자는 공감대가 있었다. 이와 같이 복음전파와 에큐메니칼 운동에 열심인 자를 복음주의적 에큐메니칼(evangelical ecumenical)이라고 한다. 그런데 이러한 흐름에 두 가지 변화가 일어났다. 20세기 들어서 비서구교회들이 성장하기 시작했다. 국제선교협의회가 주최한 1938년 탐바람 선교대회는 참석자 과반수가 비서구교회 대표였다. 신학적으로는 미국교회의 보수와 진보의 갈등이 근본주의의 대두로 비화했고 결국 장로교회의 분열의 원인이 되었다.[41]

1952년 빌링엔 선교 대회 이후 나온 하나님의 선교는 20세기 후반부의 선교신학에 결정적 영향을 주었다. 이러한 하나님의 선교 신학은 시기적으로 식민지 국가들이 독립하면서 선교가 탈식민주의 시대로 접어든 것과 맞물려 더 큰 영향을 발휘하게 되었다. 한편 국제선교협의회의 40년 역사는 한 마디로 선교의 주체가 교회라는 것과 선교 목표가 교회개척이라는 데 모아졌다. 국제선교협의회는 선교의 주체를 교회로 보았기 때문에 1958년 가나 선교대회에서 세계교회협의회와 통합을 결의하여 1961년 뉴델리 총회 시 두 기구가 병합했다.

그런데 이러한 전환으로 인해 몇 가지 문제들이 대두되었다. 세계교회협의회

---

41 안교성, "미국장로교회의 선교와 에큐메니칼 정책" 대한예수교장로회총회, 〈에큐메니칼 선교포럼〉 미간행자료집(2014. 2. 24-26), 6-8.

의 회원권은 교회에 있기 때문에 선교단체들이 배제되었다. 따라서 교회와 선교단체들과의 관계가 남겨져있다. 서구교회의 경우 타교회와의 동역관계에서 이중성이 문제 되었다. 서구교회는 다른 서구교회와는 직접적 에큐메니칼 관계를 유지하고, 비서구교회와는 선교부를 매개로 한 교회 대 선교부의 간접적 에큐메니칼 선교를 유지했다. 즉 서구교회를 상대할 때에는 총회 에큐메니칼부서를 통하고, 비서구교회를 대할 때에는 총회 선교부를 통하는 이중성을 보였다. 미북장로교는 에큐메니칼선교 및 관계국을 만들어 에큐메니칼 관계와 세계선교를 통합하려 했다. 영국의 스코틀랜드장로교회도 에큐메니칼을 관장하는 부서와 세계선교를 관장하는 부서가 단일화되었다가 분리되었다가 하는 변화를 거듭하고 있다.[42]

2) 기부자 증후군–의존자 증후군(주는 자–받는 자 도식)[43]

에큐메니칼 협력선교를 해야 할 이유 중 한 가지는 서구교회의 기부자 증후군과 비서구교회의 의존자 증후군을 극복하기 위함이다. 디아코니아의 관점에서 협력선교를 보면 주는 자(기부자 증후군), 받는 자(의존자 증후군) 도식을 극복하고, 상호의존/동역자 모델을 만드는 것이다.

(1) '받는 자'의 입장에서의 문제

탁월한 주민조직 운동가이자 주민조직(Community Organization) 이론을 창시한 알린스키는 주민조직과 관련해 받는 자의 입장에서의 문제점을 지적했

---

42 위의 글, 9.
43 이 부분은 황홍렬, "사회복지, 디아코니아/사회봉사와 선교" 한국선교신학회 편, 『선교와 디아코니아』 (서울: 한들출판사, 2002), 46–49에서 가져온 것임을 밝힌다.

다. 외부 조직가가 민중을 위해 어떤 것을 제안할 때 "심리학적 딜레마"[44]가 일어난다. 만약 민중이 그의 제안을 받아들이면 그들 자신은 바보처럼 보이기 때문에 그 제안을 받아들이지 않는 것이지 그 제안이 틀려서 받아들이지 않는 것이 아니라는 것이다. 그는 뒤에 이런 현상을 "일종의 정신적 '원죄'"라고 불렀다. "도움을 청한 사람이 도움을 얻으면 그는 그를 도와준 사람에게 감사함뿐만 아니라 무의식적 적대감을 보이는 것이 인간의 특징이다."[45] 많은 조직가들이 이 점을 이해하지 못했기 때문에 그들의 제안들은 민중의 동의를 얻지 못했다. 도움을 받는 자들이 주는 자들에게 갖는 무의식적인 적대감은 그들의 문제를 드러낸다. 그들은 항상 받는 자의 입장이기 때문에 "내적 장애인"(crippled inside)[46]이 되었다. 가난한 자, 병자, (외적) 장애인은 '주는 자-받는 자' 도식에서 항상 받는 자의 역할로 고정되어 있기 때문에 그들은 남에게 의존하는 자로만 취급받는데, 이런 역할은 그들 자신의 내면을 장애인으로 만드는 것이다. 이것은 성서의 하나님의 형상으로 지음 받은 인간관에 어긋나고, 인간의 성취와 관계없이 하나님의 사랑을 받는 피조물이라는 인간관에 어긋난다.

에큐메니칼 협력선교의 관점에서 볼 때 받는 교회/교인들의 문제는 의존적 교인/교회가 되는 것만이 아니라 위에서 본 것처럼 주는 교인/교회에 대해 무의식적 적대감을 갖는다는 점과 '내적 장애인'이 된다는 점이다.

---

44 S. D. Alinsky, *Reveille for Radicals*, (New York: Vintage Books, 1969), 104.
45 S. D. Alinsky, *Rules for Radicals: A Practical Primer for Realistic Radicals*, (New York: Vintage Books, 1972), 93.
46 Jaap van Klinken, *DIAKONIA: Mutual Helping with Justice and Compassion*, (Grand Rapids: W. B. Eerdmans Publishing Co., 1989), Introduction, ix.

(2) '주는 자'의 입장에서의 문제

'주는 자-받는 자' 도식에서 '받는 자'만이 아니라 '주는 자' 역시 문제가 된다. '주는 자'의 입장에서는 "타자를 위한 행동"(한쪽은 항상 주는 자, 다른 한쪽은 항상 받는 자)을 하게 된다. 우리가 항상 '주는 자' '돕는 자' '강자' '최고'가 되기를 원하는 것은 타자의 도움을 받아들이려 하지 않기 때문이다. 이것이 기독교 활동가들의 직업적 죄의 특징이다.[47] "만약 우리가 우리 자신의 인간학적 우월성이라는 비합법적인 위치를 받아들인다면 우리가 할 수 있는 최선은 우리 가운데 약한 자를 관용하는 것이다."[48] 인간에게 결함(죄)이란 본질적 규정이며, 동시에 세상에 그 어떤 인간도 남을 도울 수 없는 사람이 없다. 바로 이것이 공동체의 본질이다. 공동체 구성원은 서로 다른 기능을 갖고 있지만 혼자서 삶을 지탱할 수 없으며, 다른 지체에게 기여하지 못하는 지체도 없다. "기독교 공동체의 삶은 각자가 주면서 동시에 받을 준비가 되어 있고, 타자도 똑같이 할 것을 확실하게 기대할 때만이 발전한다. 그런 공동체 속에서 개개인은 이미 받았기 때문에 줄 수 있다. 그러므로 능동적인(주는) 디아코니아는 받아들이는 디아코니아의 경험을 전제로 한다."[49] '주는 자'의 문제는 '강자'로 항상 남으려는 유혹에 굴복하는 것뿐 아니라, '주는 행동'을 강조함으로써 이신칭의, 칭의론을 부정하려는 것이다. 칭의론을 진지하게 받아들이면 디아코니아 행동주의를 극복하고 "도움을 필요로 하는 자들에 대해 돕는 자들의 얕잡아 보려는 태도가 끝장날 수"[50] 있다. 그래서

---

47 Ulrich Bach, "Room for All of Us to be Free" in Edited by Geiko Müller-Fahrenholz, *Partners in Life: The Handicapped and the Church*, (Geneva: WCC, 1979), 39.

48 위의 글, 43.

49 위의 글, 46.

50 울리히 바하, "신학적 주제로서의 장애인" J. 몰트만 지음, 정종훈 옮김, 『하나님나라의 지평 안에 있는 사회선교』,(서울: 대한기독교서회, 2000), 123. 정종훈 교수는 디아코니아를 사회선교로

"디아코니아는 그리스도인 각 개인과 교회들에게 그들이 가진 것으로부터가 아니라 그들 자신으로부터 나오는 줌(giving)을 요구한다."[51] 그리고 바로 이 "주는 일을 통해서 더 많은 것을 받는다는 것을 깨달으면 그것이 나누는 일이다. 주는 것은 물질일 수 있지만 나누는 것은 나 자신이다… 존재를 나눌 때 소유는 거룩한 메시지를 전하는 도구가 된다."[52] 여기서 다시 한 번 디아코니아와 코이노니아가 불가분의 관계에 있다는 것을 확인한다.

에큐메니칼 협력선교의 관점에서 볼 때 주는 교인/교회의 문제는 항상 주는 자가 됨으로써 자신을 '강자'로, '의인'으로 여기고, 자신의 우월성을 전제하여 받는 자를 속으로 경멸하고, 이신칭의를 부정하고 행동주의에 사로잡히게 된다. 자신의 줌이 물질이 아니라 존재를 나누는 것이고, 줌으로써 더 많은 것을 그들로부터 받는 것을 배우지 못하면 이런 태도를 극복할 수 없게 된다.

(3) 상호의존/동역자 모델

'주는 자-받는 자' 도식을 넘어서서 양자가 대등한 자세로 만나서, 주면서 받고 받으면서 줄 때 무슨 일이 일어나는가? "동료 인간들과의 호혜적인 만남의 경험은 (그 자체가) 치유"[53]가 된다. 동료 인간과의 대등한 관계 속에서의 만남은 지금까지의 일방적인 관계에서 받은 상처를 치유하고 나아가서 자신이 지닌 것을 통해 상대방에게, 사회에 무엇인가를 기여하게 된다. 디아코니아는 사회의 가장자리에 있는 사람들을 그들과의 연대를 통해 그 중심으로 이끄는 일이고, 이들

번역했는데 이 글에서는 디아코니아로 원 뜻을 살렸다.
51 Edited by David Gill, *Gathered for Life*, 62.
52 오재식, "절제와 사랑으로 약한 생명을 돌보자" 「기독교사상」 475호(1998년 7월), 48.
53 Jaap van Klinken, *DIAKONIA*, 84.

에 대한 연민을 통해 상호의존관계를 만들어 사회정의를 향해 함께 나아가게 한다.[54] 그런데 여기서 주의할 것은 연대나 상호의존이 어느 순간 지배와 종속, 지배와 의존관계로 변할 수 있다는 것이다. 이런 유혹으로부터 디아코니아를, 상호의존 관계를 지키게 하는 것은 무엇인가? "도움이 필요한 다른 사람에 대한 책임과 다른 사람의 고유한 삶에 대한 존경을 구별하는 지혜는 디아코니아적(사회선교적) 사랑에 속"한다. "책임은 다른 사람이 자기 자신의 본래성에 도달하고, 그의 고유한 삶이 왕성해지는 순간 취소될 수 있습니다. 그렇지 않으면 책임은 쉽게 권력추구의 숨겨진 형태로 됩니다."[55] 즉 디아코니아적 사랑에서 나온 지혜는 도움을 필요로 하는 타자가 스스로 일어서거나 자기에게 도움을 주는 자에게 무엇인가를 줄 수 있기까지 책임을 지면서 동시에 타자를, 타자의 삶을 존경하며 이 둘을 구분한다. 이때 디아코니아적 사랑이 온정주의로 변질되게 하는 유혹이나 위기가 닥치는데, 그것은 바로 타자가 본래적인 자신의 삶(하나님의 형상)을 회복할 때이다. 이때 우리는 타자에 대한 책임을 내려놓고 그 스스로가 자신의 책임을 지게하고, 우정의 관계로, 동역자의 관계로 나아가야 한다. 그렇지 않으면 타자에 대한 책임을 명목으로 디아코니아가 지배의 관계를 위장하는 위험에 빠지게 된다.

에큐메니칼 협력선교의 관점에서 볼 때 기부자 증후군과 의존자 증후군을 넘어서기 위해서는 상대방과 대등한 동료관계를 맺고 호혜적 만남을 이어가야 한다. 그런데 이런 만남 속에서 사회의 변두리에 있던 자가 강자의 공감과 연대와 상호의존을 통해 정의를 향해 중심으로 나아가게 된다. 이 과정에서 양자의 연대와 상호의존관계가 한순간에 지배와 종속, 지배와 의존관계로 변할 수 있음을

---

54 김요나단 신부, "이혜숙의 '종교사회복지사업의 전문성과 spirituality'에 대한 논찬" 한국종교계 사회복지대표자협의회, 제2회 심포지움, 「종교 사회복지의 정체성과 방향」(1999.11.25) 별도 발제문, 4.

55 J. 몰트만 지음, 정종훈 옮김, 「하나님나라의 지평 안에 있는 사회선교」, 76-77.

주의해야 한다. 즉 약한 교회가 자신의 정체성을 든든히 세워 나아갈 때 강한 교회는 이제까지 상대방에게 지녔던 책임을 내려놓고 이제는 대등한 관계로 상대방을 존중하는 자리로 탈바꿈해야 한다. 그런데 강한 교회가 상대방에 대한 책임을 핑계로 지배자의 위치가 될 수 있음을 주의해야 한다. 협력선교의 이름이 온정주의로 변질하는 것을 막기 위해 필요한 것이 상대방에 대한 참된 사랑에서 나오는 지혜(책임과 내려놓음을 구분)와 상대방에 대한 존중과 우정의 관계의 형성이다. 그렇지 않으면 협력선교가 지배와 의존의 관계를 위장하는 위험에 빠지게 된다.

3) 동역의 문제: 비대칭적인 권력관계

에큐메니칼 협력선교, 동역자 관계는 인식하는 것보다는 실천이 어렵다고 했다. 실천이 어려운 것은 에큐메니칼 협력관계를 맺는 동역자들이 여러 가지 면에서 대등하지 않기 때문이다. 이는 동역자들이 그들 사이에 불평등이 있음을 인정하고, 동역자를 서로 존중하고, 상호의존할 때 이 어려움을 극복할 수 있다. 여기서 상호의존은 상대방의 약점과 선물을 동시에 바라볼 때 가능하다. 그들은 주는 자가 되며, 동시에 받는 자가 된다. 동역자들이 에큐메니칼 협력선교를 제대로 하려면 동역관계를 실천하는 과정에서 함께 일할 때만이 서로로부터 배울 수 있다는 것을 깨닫게 된다. 그리고 동역관계에 대한 토론이 에큐메니칼 협력선교를 진전시킬 수 있다. 동역자들 사이에 에큐메니칼 협력관계가 이뤄지기 어려운 상황에서는 모라토리엄도 가능한 대안의 하나가 된다. 그리고 동역자 관계에서 큰 어려움은 쌍방 간에 오늘날 선교에 대한 어떤 이해를 갖고 있는가 하는 문제이다.[56]

휘트비 선교대회는 동역의 전제조건을 다음과 같이 제시했다. 주를 향한 개인적 헌신, 기독교 생활 훈련, 섬김에서 상호사랑과 협력이 신장하도록 영성적 양

---

56 Gustav Menzel & Karl Müller, "Partnership in Mission", 340-341.

육을 교인들에게 제공해야 한다. 교회 지도자뿐 아니라 공동체 식구들에게 교회의 일원으로서 책임감을 갖게 한다. 공동체가 보다 기독교화 되고, 복음선포가 보다 효과적이 되기 위해서 교회는 교인들로 하여금 증거의 사역을 감당하도록 훈련시켜야 한다. 가정의 생활을 성화하기 위해서, 젊은 세대를 얻기 위해서, 기독교 원칙과 이상이 공동의 삶에 퍼져가도록 하기 위해서 평신도로 하여금 섬기도록 동원하고 훈련시켜야 한다. 기존 교회가 유지되고, 복음전도를 실천하기 위해서 교인들의 기독교 청지기 직분을 발전시켜야 한다.[57]

임희모는 비대칭적인 권력관계의 문제를 친구관계를 통한 동등성과 파트너십을 통한 상호성을 넘어서서 힘의 배분을 통한 상호성의 관철을 제시했다.[58] 1910년 에딘버러 세계선교대회에 참석했던 인도의 아자리아 목사는 서구 선교사의 영웅적 행동과 자기부정의 사랑보다는 친구로 대해달라는 요청을 했다. 그는 서구 선교사의 온정주의적 지배와 현지 동역자의 종속관계를 비판했다. 1947년 IMC 휫트비 대회는 위에서 언급한대로 주는 교회와 받는 교회가 상호의존하며 책임을 나눌 수 있다고 했다. 1963년 멕시코시 WCC CWME대회에서 세계선교는 서구교회로부터 비서구교회로의 일방적 선교가 아니라 모든 곳에서 모든 곳으로 가는 선교이기 때문에 모든 교회는 동등한 파트너로서 공동의 선교활동에 동참해야 한다고 했다. 1982년 WCC 중앙위원회는 재원의 나눔은 모든 당사자들의 투명성을 요구하는 상호적 과정이라고 했지만 파트너십을 통한 상호성은 이상일 뿐 현실은 그렇지 못했다. 진정한 파트너십과 상호성을 이루기 위해 약한 자에게 '힘 실어주기', '의사결정 나누기', '참여' 등을 강조하는 것을 힘의 배분을 통한 상호성의 관철이라 한다. 1968년 WCC 웁살라 총회는 선교에서는 힘이 약

---

57 C. W. Ranson (ed.), *Renewal and Advance: Christian Witness in a Revolutionary World* (London: Edinburgh House Press, 1948), 174-175.
58 임희모, 『생명봉사적 통전선교: 동·동남아시아 중심』(서울: 도서출판 케노시스, 2011), 68-69.

한 자가 힘을 행사하도록 하는 것을 강조했고, 1991년 WCC 캔버라 총회는 힘의 나눔을 강조했고, 1993년 호주교회협의회는 파트너십 선교란 권력구조가 변화하도록 활동하여 힘이 약한 자들에게 힘을 실어주는 것이라고 했다.

다양한 논의에도 불구하고 동역관계가 해결되지 않자 제기된 극단적 방식이 모라토리엄(선교 유예)이었다.[59] 일부 비서구지역교회는 하나님의 선교에 부응하고 교회의 정체성을 세워나가기까지 서구교회/선교회의 재정 지원과 파송 선교사를 일정기간 받아들이지 않는다는 모라토리엄 선언을 했다. 모라토리엄을 처음 제안했던 사람은 동아프리카 장로교회의 총무였던 존 가투(John Gatu)였다. 그는 서구의 무분별한 선교지원이 오히려 제3세계교회의 자립을 방해할 뿐이기 때문에 제3세계교회가 자신의 정체성을 확립할 시간이 필요하다면서 서구 선교사들을 5년간 본국으로 소환할 것을 제안했다. 필리핀 감리교회의 낙필(Emerito Nacpil)도 새로운 선교구조의 창출을 위해서는 더 이상 생명력이 없는 현재의 선교구조를 버려야 하고, 이를 위해 아시아의 서구 선교사들이 할 수 있는 최대의 봉사는 고국으로 돌아가는 것이라 했다. WCC의 에큐메니칼 자원나눔(Ecumenical Sharing Personnel, 이하 ESP)은 1972년에 모라토리엄이 제기된 배경에는 선교사나 선교자금을 보내는 교회나 받는 교회 모두에게 도움이 되지 않으며 하나님의 선교와 괴리된 결과를 초래했다는 깨달음이 있다고 했다. ESP는 이후 모라토리엄이 교회의 자립과 자율을 위한 훈련 과정이지 결코 단순한 선교 지원의 거부는 아니라 했다. 1973년 방콕에서 열린 WCC CWME 대회는 "더 이상의 '선교 자매결연'은 공허한 구호에 그칠 뿐 그 무엇도 가져다주지 못한다는 것"을 인식하고, 이제는 교회가 상호 간에 대등한 입장에 서는 성숙한 관계가 필요하다고 역설했다. 그리고 모라토리엄을 "후원을 받아왔던 교회가

---

59 Nicholas Lossky, et als., 에큐메니칼선교훈련원 역, 『에큐메니칼 운동과 신학사전』1-1, 493-495. 일부는 원문을 따라 다시 번역했음을 밝힌다.

자신의 정체성을 찾고 어떠한 사업이 선교활동에 가장 중요한 것인가를 스스로 결정하며, 선교 사업의 수행에 필요한 자원을 자체적으로 해결할 수 있게 하는 좀 더 근본적 해결책인 동시에, 후원하는 교회 측면에서도 변화된 오늘날의 상황 속에서 자신을 되돌아볼 수 있는 기회"라고 보았다. 방콕대회는 모라토리엄을 공식적인 선교정책으로 채택하지는 않았지만 "양쪽 모두에게 고통스러울 수도 있겠지만 모라토리엄은 현재의 난국을 타개하고 하나님의 선교를 추진하는 최상의 정책이 될 수 있을 것"(제3분과보고서)이라 했다. 1974년 제3차 범아프리카교회협의회(All Africa Conference of Churches, 이하 AACC) 총회는 "해외 교회가 보내오는 자금과 인력이 중지되는 모라토리엄 정책을 우리는 기꺼이 받아들인다. 이는 아프리카교회가 경제적·사회적 종속으로부터 벗어날 수 있다는 측면에서 정부와 국민을 계도할 수 있는 기회일 뿐 아니라 아프리카에 가장 적합한 선교를 수행할 수 있는 힘을 가질 수 있는 기회"라고 천명하면서 모라토리엄의 시행을 촉구했다. AACC 총회는 선교에 필요한 인력과 물자를 지원하겠다는 WCC ESP의 제안을 거절했다. 그렇지만 총회 직후 아프리카의 많은 교회들은 이러한 결정을 따르지 않았다. 1975년 WCC 나이로비 총회에서 모라토리엄에 대한 찬반 논쟁이 절정에 달했다. 나이로비 총회는 "교회들 사이에 의존적인 관계가 있으며, 교회는 자신의 문화 속에서 온전한 증거를 위해서 교회가 좀 더 성숙한 독립을 이룰 준비를 위해서 기존의 의존적 관계를 잠정적으로 단절해야 하는 모라토리엄을 받아들일 상황이 있음을" 받아들이는 한편 "더 광범위한 연합행동과 증거를 위한" 단계를 권면했다. 모라토리엄 논쟁의 결과 선교활동에서 인적, 물적 자원의 교류는 양 교회 모두의 책임을 요구하는 것이며, 의존관계를 영속시키는 전통적 관계, 구조와 태도는 선교와 교회의 자립을 위해 변해야 한다는 인식이 확산되었다.

본래 모라토리엄은 서구로 귀국한 선교사들과 재정은 권력 중심부의 불의한 구조를 변화시키고, 남반부와 북반부 사이의 불의의 뿌리를 다루는 데 사용되어야 한다고 주장했다. 또 모라토리엄은 비서구교회에게는 서구 선교사와 재정이 오지 않는 공간을 자유의 공간으로 창출하여 외부로부터의 어떤 강요도 받지 않고 자신의 문화적 정체성에 뿌리를 둔 신학, 교회정치, 윤리와 영성을 발전시키도록 해야 한다. 그런데 모라토리엄은 너무나 극단적이어서 이를 주장하는 신학자나 목회자도 자신의 교회에 철저히 적용하는 사례가 거의 없었다. 예외적으로 국가권력에 의해 1952년 모든 선교사들이 추방되었던 중국교회는 오히려 교회발전을 이뤘다. 북반부에서 모라토리엄은 많은 사람들로 하여금 정의와 평화의 옹호활동에 참여하게 만들었다. 그렇지만 모라토리엄은 서구 주류교회에서 선교에 반대하는 분위기를 조성했다. 전통적 선교에 대한 부정적 선전은 교회 지도자에게도 큰 영향을 주었을 뿐 아니라 현재에도 많은 사람들로 하여금 선교와 복음전도에 대해 매우 비판적이 되게 했다.[60]

7. 에큐메니칼 협력선교의 신학적 쟁점들

1) 선교와 교회, 선교와 교회일치의 이분법 극복

선교와 교회의 이분법은 단지 에큐메니칼 협력선교의 문제뿐 아니라 지난 200년 선교의 문제의 뿌리라고 해도 과언이 아니다. 선교가 교회에 종속되어 교회가 구원의 소식을 독점하고 유일한 전달자 역할을 하게 되면 회심자의 급증이 도피

---

60 Samuel Kobia, "Cooperation and the Promotion of Unity: A World Council of Churches Perspective", 239.

주의의 숨은 형태가 될 수 있고, 기독교 신앙의 참된 주장을 기만할 수 있게 된다. 정의와 평화와 평등을 요구하지 않는 복음은 스캔들이 없는 십자가, 양심을 잠들게 하는 예수, 세상으로부터 도피하는 교회를 제시한다. 이는 복음에서 윤리적 특징을 제거하게 된다. 반면에 교회가 선교에 종속되면 교회는 하나님이 세상에서 활동하는 방식을 지시하는 자에 불과하여 복음에서 구원의 깊이를 제거한다. 이때 교회의 의제는 세상의 의제와 동일하게 되거나 오히려 세상보다 교회를 더 낮게 평가한다. 이는 세상과 인류에 대한 극단적 낙관주의에 기인한다.[61]

선교와 교회일치는 함께 가야 한다. 그런데 이를 견지하기 위해서는 내적 긴장이 전제되어야 한다. 이 내적 긴장이 오히려 우리를 회개로 이끈다. 일치의 선교와 선교의 일치는 자기 비판적 태도 없이는 불가능하다. 그렇지만 이런 태도가 교회의 존재이유이다. 즉 세상의 깊은 갈등들을 교회 자신 속에 수용하고 양자를 넘어서 용서와 변혁하는 힘으로 한 새로운 공동체를 만든다. 교회의 목적은 갈등 없는 교제가 아니라 화해된 다양성 속에서 일치로 특징지어지는 교제이다. 다양성과 공동체와 삶의 중심에는 예수 그리스도가 있다. 그리스도인들로 하여금 세상에서 협력사업과 연합된 증거를 가능하게 하는 것이 이 공통기반이며 이 지향점이다.[62]

선교와 교회의 이분법, 선교와 교회일치의 이분법은 근원적으로는 올바른 신학적 입장에 서 있을 때 극복될 수 있다. 이를 위해 필요한 신학적 방향은 삼위일체 신론, 하나님의 통치/나라, 하나님의 선교, 예수 그리스도 방식의 선교 등이다.[63] 북미 교회의 위기 상황에 대처하기 위해 나온 선교적 교회론 역시 교회

---

61 데이비드 J. 보쉬, 『변화하고 있는 선교』, 566-567.
62 데이비드 J. 보쉬, 『변화하고 있는 선교』, 684-685.
63 Daryl Balia & Kirsteen Kim (eds.), *Edinburgh 2010: Witnessing to Christ Today* (Eugene: WIPF & STOCK, 2010), 201-202, 208-210.

와 선교의 이분법을 극복하기 위해 삼위일체 신론, 하나님의 통치/나라, 하나님의 선교 등을 제시하고 있다.[64]

2) 협력선교: 선교협력으로부터 공동의 증거와 관계망으로

(1) 1910년 에딘버러 세계선교대회: 세계복음화를 위한 협력[65]

에딘버러 대회가 선교지에서 분열된 선교를 극복하기 위해 제시한 대안은 선교지 예양협정(comity), 선교대회, 기도회, 공동 성서번역, 기독교 문서 제공, 연합된 정치적 옹호행위, 고등교육기관 지원 등이었다. 이러한 대안들은 에딘버러 대회가 개신교 역사에서 전환점임을 보여준다. 선교협력은 선교사들의 경험에서 나온 새로운 아이디어였다. 에딘버러 대회의 8분과(주제: 협력과 일치의 증진)의 결론은 일치에 대한 교회들의 생각이 다르더라도 가시적 교제 안에서 하나가 되어야 한다는 것과 선교지 교회가 분열을 치유하여 예수의 기도대로 일치를 이루는 길을 지향한다면 서구 교회가 선교활동을 통해 영광스런 보상을 얻을 것이라 했다. 그렇지만 선교협력을 위한 실제적이며 정치적인 장애는 너무 커서 하나님의 왕국의 비전만이 선교협력을 추구하는 데 있어서 적절한 동기를 제공할 수 있다. 데이나 로버트는 선교협력이 선교와 일치의 모델로서 다음과 같은 한계와 장점이 있다고 했다. 선교협력이라는 모델의 한계는 선교운동이 작동하는 식민지

---

64 대럴 구더 편저, 정승현 옮김, 『선교적 교회: 북미 교회의 파송을 위한 비전』(서울: 주안대학원대학교출판부, 2013), 28. Craig Van Gelder & Dwight J. Zscheile, *The Missional Church in Perspective: Mapping Trends and Shaping the Conversation*, (Grand Rapids: Baker Academic, 2011), 18-25.

65 Dana L. Robert, "From Co-operation to Common Witness: Mission and Unity, 1910-2010" in John Gibaut and Kund Jørgensen (eds.), *Called to Unity For the Sake of Mission*, (Oxford: Regnum Books International, 2014), 46-49.

와 기독교세계의 기반에 대한 무비판적인 가정이었다. 또 하나님의 왕국을 선교지에 건설하는 데 대해 지나치게 낙관적이었고, 서구 선교사와 현지교회 사이의 대등하지 않은 권력의 역학을 적절하게 고려하지 못했다. 협력선교는 공동의 목적을 향해 동역하는 것을 선택했던 참여자들의 의지주의적(voluntarist) 사고방식을 존중하는 전형적인 개신교 모델이었다.

(2) 1948년-1963년: 하나의 세계, 하나의 교회, 하나의 선교[66]

제2차세계대전 이후 종교적·세속적 운동들은 국가들 사이에 평화와 정의를 특징으로 삼는 '하나의 세계'를 추구했다. 이러한 흐름의 정점이 1948년 유엔의 창립과 세계교회협의회(WCC)의 창립이었다. 이제 그리스도인들은 하나의 세계를 향해 하나의 선교를 하기 위해 하나의 교회로 연합될 필요가 있다. WCC중앙위원회는 1951년 롤레 선언을 통해 에큐메니즘이 복음을 온 세계에 전파하는 온 교회의 전체 과제와 관련된 모든 것이라 했다. 에큐메니즘은 선교운동과 교회일치를 향한 운동을 모두 포함한다. 따라서 에큐메니즘의 시각에서 보면 선교운동과 교회일치운동을 서로 모순되는 것으로 보아서는 안 된다. 일치와 선교를 전체 세계라는 맥락에 놓을 때 선교의 비전은 복음화보다 넓으며, 한 교단이나 국가가 다루기 힘든 사회문제들을 연합된 교회가 해결하는 공적 증거를 포함한다. 전 지구적 교제로서의 기독교에 대한 희망이 '세계기독교'또는 '세계교회'라는 용어에 요약되었다. '세계기독교'는 한편으로는 세계선교의 성공의 산물이지만 다른 한편으로는 선교의 의미에 대한 새로운 이해에 이르게 했다. 헨리 반 두센은 WCC의 창립을 유럽의 역사적 팽창의 정점이자 끝이면서 동시에 '세계기독교'라

---

66 Dana L. Robert, "From Co-operation to Common Witness: Mission and Unity, 1910-2010", 49-53.

는 새로운 시대의 출발을 알린다고 보았다. 그는 원심적 선교운동은 구심적 교회 일치운동을 낳았고, 이 두 가지가 20세기 세계교회의 특징이라고 했다. 그는 선교와 에큐메니즘을 역사적 분석의 양 극으로 보았을 뿐 아니라 IMC가 WCC에 통합될 때 연합위원회의 의장을 맡았다.

서로 연결된 하나의 세계를 향해서 전 세계적인 하나의 교회의 선교는 무엇인가? IMC 의장인 레슬리 뉴비긴은 새로운 선교는 온 교회가 하나의 화해의 복음을 들고 온 교회로 나아가는 것이라 했다. 그는 교회의 선교사명은 동일하지만 민족주의 운동과 결합된 냉전의 상황은 세계교회의 일치가 선교를 위한 유일한 기초임을 의미한다고 했다. 뉴비긴이 하나의 세계와 하나의 교회를 말한 것이 함축하는 것은 하나의 선교로 이제부터 선교는 서구로부터 나머지 세계로 가는 것이 아니라 모든 곳으로부터 모든 곳으로 나아가는 것이라는 점이다. 이처럼 선교를 하나로 보는 입장은 두 가지 선교원칙을 제시한다. 첫째 선교는 교회의 모든 부분이 선교에 대해 책임을 지며, 모든 부분이 선교에 참여하는 것을 환영하는 다문화 파트너십에 달려 있다. 둘째 그리스도의 몸의 온전성은 모든 곳에서 인정받고 존중되어야 하기 때문에 새 선교사가 그 지역에 들어올 때 상의가 되어야 한다. 뉴비긴에게 IMC가 WCC에 통합되는 것은 온 교회의 선교가 온 세상을 향한 것이 선교임을 확증하는 것이다.

1963년 멕시코시에서 열린 WCC CWME 대회에서 선교와 교회의 유기적 일치의 불가분리에 대한 낙관주의가 정점에 도달했다. 이 대회는 평신도들로 하여금 경계를 넘어서서 모든 곳으로 가서 하나님의 왕국을 증거할 것을 촉구했다. 이 대회는 발전 프로젝트, 유엔이 세계문제를 해결할 것에 대한 믿음, 연합된 세계교회가 세계를 설득할 힘을 지니고 있음에 대한 확신 등 세계적 문제들을 해결할 수 있다는 낙관주의 맥락에서 진행되었다. 동방정교회가 WCC에 1961년에 가입하여 이 대회에 참석했다. 제2차 바티칸공의회(1962-1965)는 개신교도들을 '갈라진 형제'로 인정했다. 이 대회는 선교운동이 육 대륙에 있는 그리스도인들을 모두 포함하고, 선교운동은 온 교회가 온 복음을 온 세상에 증거하는 것이고, 우리 자신이 그의 선교를 위해 일치의 영성으로 헌신하되 살아계신 주님을 겸손하게 의지할 것이라고 결론을 맺었다.

데이나 로버트는 20세기 중엽의 교회와 일치에 대한 이러한 논의의 한계를 첫째 교회의 유기적 일치가 '세계기독교'의 미래를 이끌어 가는 데 실패한 점이라고 했다. 비록 유기적 교회일치의 사례로 남인도교회(1947), 필리핀그리스도연합교회(1948), 그리스도연합교회(미국, 1957) 등의 좋은 사례들이 있지만 20세기 후반부의 세계교회의 성장은 교회일치운동의 중심부로부터가 아니라 확장주의자들(교회성장론자)의 (일치운동의) 주변부로부터 나왔다. 둘째 한계는 교회일치가 증가하는 것을 선교의 진보라고 여긴 집단적 승리주의적 가정이었다. 20세기 중엽 하향식(top-down) 에큐메니즘은 의지주의적 복음주의자들의 기독교 증거를 평가절하했다. 이 논의의 긍정적 측면은 선교를 모든 곳으로부터 모든 곳으로 향한다는 깨달음이었다. 그리고 탈식민주의 선교는 아시아, 아프리카, 라틴아메리카에서 자기신학화(self-theologizing)의 새 장을 열었다.

(3) 2010년: 공동의 증거와 관계망[67]

1970년대 이르면 '세계기독교'라는 이상은 거의 망각된다. 서구 청년들은 에큐메니칼 운동에 대한 관심을 잃었다. 아시아, 아프리카, 라틴 아메리카에서 들려오는 '선교사들은 귀국하라'는 외침 속에서 서구 주요 개신교 선교구조들이 쇠퇴하거나 개발기구로 변하게 된다. 제2차세계대전 세대에 의해 그렇게 사랑받았

---

67 Dana L. Robert, "From Co-operation to Common Witness: Mission and Unity, 1910-2010", 54-58.

던 에큐메니칼 일치라는 합의의 모델이 상황신학과 지역신학에 의해 대체되었다. 1960년대부터 1990년대까지의 주류 선교학의 지배적 틀은 탈식민지, 후기식민주의의 틀이었다. 기독교세계(Christendom)의 종말은 지난 수백 년 동안 서구 선교운동이 전개되었던 식민지 상황의 종말이었다. 그러다가 1990년대 말 '세계기독교'라는 이상이 재등장했다. 재등장한 '세계기독교' '세계교회'라는 이상은 다문화주의, 탈중앙화, 다각적인 개인관계를 전제한다. 즉 선교를 위한 연합된 행동의 특징은 중앙집권화된 일치를 이루기 위한 욕망이 아니라 관계적 그물망이다. 전 지구적 교회협의체를 통한 유기적 일치와 조정된 행동을 위한 계획은 복수의 권위의 중심들, 수천 개의 파송기관들, 수백만 명의 단기선교사들, 지구화는 세계교회가 통제할 수 없는 힘을 지녔음을 인식하는 것 등 복잡한 현실로 대체되었다.

선교에 대해 그물망처럼 연결된 대화로 이뤄진 에딘버러 100주년 대회 시리즈는 기독교 일치의 의미를 재고할 기회를 주었다. 에딘버러와 케이프타운에서 열린 에큐메니칼 대회와 복음주의 대회는 각각 전 지구적 운동으로서의 기독교라는 맥락에서 선교와 일치에 대한 헌신을 보여줬다. 이 둘은 100년 전 동일한 출발점에서 시작했지만 에큐메니칼 운동에서는 IMC가 WCC에 통합된 데 반해, 복음주의 운동은 별도로 가면서 서로 다른 길을 걸었다. 그렇지만 이제 100년 만에 이 두 운동은 선교와 일치에 대해 가까워졌다. 글로벌 크리스천 포럼은 '세계기독교'의 인종적, 문화적 다양성이 인류 역사상 그 어느 시대보다 더 다양해진 세계에서 일치를 향한 길로서 개인적 관계의 그물망 형성에 초점을 두고 있다. 이 포럼의 전제는 예수 그리스도에 대해 다른 기독교인들의 경험들에 귀를 기울임으로써 기독교 공동체를 세우는 것이다. 글로벌 크리스천 포럼은 기독교 협력의 시금석으로 교리나 봉사가 아니라 관계를 제시한다. 100년 전의 기독교인들과 오늘의 기독교인들의 차이는 신학적, 인종적, 문화적 다양성은 기독교선교의 목적이 아니라 출발점이다. 공동의 증거로의 헌신은 '세계기독교'가 하나님의 통치를 향해 우리를 인도하는 종말론적 비전임을 상기시킨다. 교회의 복수성은 전 지구적 그물망을 만들어 내고 있다.

그런데 데이나 로버트의 관계망 형성에 공감하면서 두 가지를 비판하고자 한다. 첫째 '세계교회'의 상황을 다문화주의, 탈중앙화, 다각적 개인관계로 보는 것은 신자유주의적 세계화로 인해 가난한 자들의 생존과 지구생명공동체의 생존이 위협받는 현실을 간과한다는 점이다. 둘째 관계망 형성에서 약한 고리인 비서구 지역교회를 어떻게 강화하는가 하는 점과 서구지역의 재복음화를 어떻게 감당할 것인가 하는 점에 대한 고민이 부족하다는 점이다.

3) 하나님의 선교와 에큐메니칼 협력선교

하나님의 선교는 선교의 주체가 삼위일체 하나님이라는 것과 세상과 관련하여 교회 안팎에서 일어나는 성령을 통한 하나님의 활동이다. 하나님의 선교의 방법은 십자가이고, 목적은 하나님의 통치/나라이다. 하나님의 선교신학에 따라 에큐메니칼 협력선교의 사례들을 통해 해석해 보자. 첫째 에큐메니칼 협력선교에 참여했던 선교사들은 기다리는 선교사, 배우는 선교사였다. 이종실 선교사는 자신이 총회 세계선교부(당시 전도부) 간사였으면서도 체코에서 3년간 선교사 신분으로 살지 않았다. 예장 총회와 체코형제복음교회가 선교협정을 맺은 후에 자신을 선교사로 여기고 총회의 훈련을 받고 선교사로 나갔다. 선교사 신분이 된 후 체코교회에 필요한 사역을 시작한 것이 아니라 체코교회 목회자들과 오랜 관계를 맺으며 그들로부터 배우고 그들이 요청하는 사역을 듣기까지, 그들이 필요로 하는 사역을 깨닫기까지 오랜 시간을 기다렸다. 태국 조준형 선교사는 파송 후 태국 교회지도자들과 관계를 맺으며 태국교회와 문화를 배우고 기다린 기간이 무려 10년이었다. 이것이 토대가 되어 태국교회가 필요로 하는 사역을 감당할 한국 선교사들을 파송하게 되었다. 필리핀 한경균 선교사는 노회와 지교회를 이해하고 배우는 데만 1년 반 걸렸지만 그들이 원하는 것이 탁월한 사역자가 아니라 친구로서 함께 하는 동역자라는 것을 깨닫기까지 긴 시간을 필요로 했다. 케냐의 이원재 선교사도 동아프리카 장로교회의 역사와 예전을 배우고 교구목사가 되어 많은 것을 배웠지만 양 교회 사이에 선교협정을 맺기까지 10년을 기다려야 했다. 하나님의 선교에 참여하는 선교사는 배우는 선교사, 기다리는 선교사란 무슨 의미일까? 하나님의 선교에서 최초의 선교대상은 선교지 사람들이 아니라 선교사(선교공동체) 자신이라는 뜻이다. 증인은 자신을 전파하는 것이 아니라 하나님의 사랑과 뜻을 전하기 때문이다. 베드로와 고넬료의 만남(행10장)으로 이방인을 교회로 받아들일 때 선교사/유대인의 문화(율법과 할례)를 강요해서는 안 된다는 것을 배운다. 유대인 기독교인 중심의 예루살렘 교회가 이방인들을 교회에 받아들이기 전에 먼저 해야 할 일이 베드로로 하여금 먼저 유대 문화를 넘어서게 한 일이었다. 즉 선교사에게 하나님 나라/통치를 먼저 선교하는 분은 삼위일체 하나님이시다. 그래서 에큐메니칼 협력선교에 참여했던 한국 선교사들은 자신이 생각하는, 자신이 하고 싶은 사역을 하는 것이 아니라 먼저 참 선교사이신 하나님으로부터 배우는 선교사, 하나님의 뜻을 깨우치기까지 기다리는 선교사가 되었다.

둘째 하나님의 선교에 참여하는 선교사는 십자가를 진 선교사다. 에큐메니칼 협력선교에 참여했던 선교사들이 10년이 되도록 기다린 이유는 상대방 교회와 문화와 언어를 배우는 것 못지않게 자신의 문화를, 자신의 교회문화를, 자신의 욕망과 의지를 부인하는 것은 시간이 오래 걸릴 뿐 아니라 인간으로는 거의 불가능에 가깝기 때문이다. 인간에게 불가능한 것을 성령께서 하시도록 기다리는 것이 십자가의 선교이고, 성령의 선교이다. 우리의 문화나 의지나 뜻을 내려

놓을 때 생기는 빈 공간을 성령께서 오셔서 사용하실 때 여백의 선교, 성령의 선교, 무위(無爲)의 선교가 된다. 통상 선교사들은 보통 사람들에 비하면 대단히 활동적이다. 그런데 그런 사람들이 선교지에서 1년, 2년, 아니 때로는 10년을 눈에 띄는 사역을 하지 않고 기다린다는 것은 아마 세상에서 가장 어려운 일이 아닐까 한다. 그런데 이제까지 내가 자라왔던 사회와 교회의 문화를, 선교지에서 내가 하고 싶은 것을 하고자 하는 욕구를, 내가 지닌 힘과 권위를 내려놓아야지만 할 수 있는 것이 하나님 나라의 일꾼으로 거듭나는 일이다. 이 과정에서 선교사들은 후원하는 한국교회나 주변 선교사들이나 기독교인들로부터 선교를 하지 않는다고 비난을 받거나 여러 가지 오해를 받을 수 있다. 십자가는 자기를 부인하는 것뿐 아니라 주변으로부터 오해와 비난, 욕, 조롱, 멸시, 천대 등을 당하는 것이다. 선교지 교회/총회 지도자들과의 관계에서도 한국선교사들은 한국교회의 재정이나 다양한 형태의 힘으로 밀어붙이려는 유혹을 물리쳐야 한다. 에큐메니칼 협력선교에 참여하는 선교사들은 성령의 인도하심에 순종하는 선교사들이지 결코 성령을 앞서가려는 선교사들이 아니다. 어느 선교사도 '이 정도면 참을 만큼 참고, 할 만큼 한 것이 아닌가?' 이런 말을 하는 선교사는 아무도 없었다. 성령께서 주시는 깨달음에 이르기까지 저들은 기다리고 배우며 순종하는 선교사들이었다. 김병호 선교사가 총간사인 재일대한기독교회는 선교 60주년이 되어서야 개인주의적 신앙생활을 회개하고 재일동포들의 인권문제를 선교과제로 받아들였다. 그 뒤 20년 되어서야 조국의 평화통일을 선교과제로 받아들였다. 홍인식 선교사가 쿠바 선교사로 간 지 1년 만에 선교협정을 맺어 많은 사람들이 놀랐지만 이는 그가 지난 20년 동안 파라과이, 아르헨티나, 칠레, 쿠바 등지에서 성령의 인도하심에 따라 현지교회 지도자들과 의사소통을 바탕으로 한 겸손한 섬김과 동역의 결실이었다.

셋째 하나님의 선교에 참여한 선교사들이 지향하는 바는 하나님의 통치/나라이다. 에큐메니칼 협력선교를 통해 파트너 교회들의 요청이나 성령의 인도하심에 따라 사역을 펼쳤기 때문에 처음 선교를 시작했을 때 예상했던 사역을 하는 사례가 거의 없다. 이종실 선교사는 체코 교회 목회자들에게 교회가 선교의 사명을 지녔다는 것을 깨우치기 위해 노력하다가 중앙유럽선교연구센터를 세워 선교 교재와 잡지를 발간하고, 세미나를 열고 있다. 태국에서는 태국교회와의 협력을 바탕으로 인도차이나 반도로 선교 영역을 넓혀가고 있다. 메콩, 인도차이나 에큐메니칼 협력선교는 비록 교육의 척박함과 재정의 어려움으로 큰 성과를 거두지 못했다고 하지만 메콩강 유역에 있는 교회들과 공동의 선교과제와 각각의 고유한 선교과제를 식별하고 대응하여 선교활동 속에서 에큐메니칼 교회를 형성한다는 것 자체는 대단히 귀중한 사례가 아닐 수 없다. 필리핀 노회와 서울북노회와의 에큐메니칼 협력선교와 영등포노회와 가나교회와 독일교회의 에큐메니칼 협력선교는 한국교회의 세계선교의 소중한 사례로 기록될 것이다. 세 노회가 이제는 물질의 나눔뿐 아니라 영적인 나눔으로 성숙되어지는 것은 새로운 단계로 도약하는 것으로 보여 기대가 된다. 이원재 선교사와 김성기 선교사는 아프리카와 라틴 아메리카의 신학교에 기독교교육학과가 거의 없다는 문제를 제기했다. 이원재 선교사는 동아프리카교회와 한국교회가 협력해서 기독교학과 신설 및 연구소 설립, 교수 요원 양성 및 사역자 양성, 그리고 교재 개발에 이르는 계획을 추진 중이다. 이는 라틴 아메리카에도 적용 가능한 귀중한 사례다. 홍인식 선교사로 인해 멕시코 장로교신학대학과 장로회신학대학 사이에 신학교류가 더 활발해질 것이다. 재일대한기독교회는 인권 문제로부터 평화통일 이슈로, 선교영역이 확대되면서 〈마이너리티 문제와 선교〉라는 주제의 국제회의를 정기적으로 개최하고 있는데 일본에서 작은 교단이지만 오히려 작기 때문에 세계적인 에큐메니칼 네트워크를 갖고 있는데 이는 하나님 나라의 역설에 해당한다고 본다. 에큐메니칼 협력선교는 한마디로 '1+1=2'가 아니라 '새로운 무엇'이 될지 알 수 없는 신비라고 본다. 두/세 교회가 성령의 손에 붙잡힐 때 새로운 역사가 일어나는데 그것은 두 교회의 합보다 훨씬 더 크고 새로운 무엇이다. 이러한 결과는 결코 선교사/교회의 일방적 선교를 통해서는 일어날 수 없는 일이다.

에큐메니칼 협력선교의 장점은 중복 사역의 방지, 사역의 연속성 보장, 교회일치 증진, 저비용 고효율 구조의 선교, 상대방 교회를 통해 교회갱신의 새로운 발판 마련, 현지교회의 강화, 현지교회를 통한 새로운 선교 영역의 확대 등이다. 에큐메니칼 협력선교의 단점은 오랜 시간이 필요하고, 사역 속도가 더디고, 양 교회 간 힘의 불균형에서 오는 혼란, 귀족화 가능성, 선교사 개인 능력에 따른 차이, 자기비움의 어려움 등이다. 이러한 어려움은 위에서 언급했던 에큐메니칼 협력선교의 십자가들이다. 이러한 십자가를 지고 나갈 때만이 부활의 열매를 거둘게 될 것이다.

8. 에큐메니칼 협력선교의 선교신학적 의의와 과제

1) 의의

첫째 교회와 선교가 하나님의 통치를 향한 하나님의 선교에 참여할 때 이분법을 극복할 수 있고, 협력선교가 가능해진다. 둘째 체코 에큐메니칼 협력선교 사례를 통해 이종실 선교사는 체코 교회로 하여금 선교적 사명이 교회의 본질임을 깨우쳐주는 것이 선교라는 것을 보여준다. 태국 에큐메니칼 협력선교사례를 통해 홍경환 선교사가 보여주는 것은 분열된 교회로서는 협력선교 불가능하고, 에큐메니칼 협력선교는 양 교회의 정책결정 과정을 거쳐야 하기 때문에 더디지만 결국 빠른 길이며, 이러한 협력선교를 통해 인도차이나선교의 발판이 될 수 있다는 것이다. 셋째 개교회주의, 교파주의, 십자군 선교로부터 삼위일체 신론, 하나님의 통치, 하나님의 선교, 십자가 선교 등으로의 신학적 회심만이 협력 선교를 가능케 한다. 넷째 선교와 교회, 선교와 교회일치 사이의 창조적 긴장은 교회로 하여금 회개와 자기성찰을 통해 세상을 섬길 수 있도록 자기를 정화하고, 자기 삶의 원천으로서 예배와 기도(정체성)에 충실하면서도 세상을 만나고 도전(참여)하게 하는 이중적 방향성을 유지하게 하고, 종말론적 공동체로 살아가게 한다. 다섯째 선교와 교회, 선교와 교회일치 사이의 이러한 창조적 긴장관계가 무너지면 교인들을 자기 교회로, 교파로 끌어들이는 개교회주의, 교파주의를 양산하고, 교회분열의 독을 그들에게 먹이는 결과를 초래한다. 여섯째 에큐메니칼 협력선교는 동역자 관계를 실천하는 과정에서 상호배움이 가능해지는 것을 배우게 된다. 일곱째 교회론과 선교론 사이의 창조적 긴장이 유지될 때만이 종말론, 교회론, 기독론, 성령론 사이에 긴밀한 관계가 형성된다. 여덟째 에큐메니칼 협력선교는 선교사가 하나님으로부터 동역교회로부터 배우며 기다리는 선교사, 자기를 부인하고 자기 십자가를 지는 선교사, 하나님의 나라를 새롭게 이루는 데 참여하는 선교 사이다. 아홉째 한국교회의 세계선교는 장기적으로 볼 때 에큐메니칼 협력선교가 저비용 고효율 선교로서 다른 대안이 없다. 열째 에큐메니칼 협력선교는 주는 자와 받는 자라는 도식을 극복하고 동역자 관계를 형성해야 한다. 열한째 WCC가 강조하는 개종강요 금지 대안이 협력선교, 공동의 증거로서 양 교회 모두 서로를 세우는 유일한 길이다.

2) 과제

첫째 에큐메니칼 선교 협정은 선교 현장을 고려해야 하고, 선교 현장은 선교협정을 고려하면서 선교를 해야 한다. 둘째 서구 교회에 치중한 에큐메니칼 협력선교를 비서구 교회와 선교 협정을 강화하여 남남교회 간 선교협력을 강화해야 한다. 셋째 이주민 선교를 매개로 하여 남북교회 간, 남남교회 간 에큐메니칼 협력선교의 범위를 확장하고, 내용을 심화시켜야 한다. 넷째 신학교육과 기독교교육에서 에큐메니칼 선교협력 교육을 실시해야 한다. 다섯째 선교사 업무교육의 초점이 타문화권 선교로부터 협력선교로 시행하는 모범적 사례들을 제시하고 전환하도록 한다. 여섯째 기독교권에서 현지교회 존중과 협력을 통한 선교의 사례들을 더 많이 발굴하여 출판하고 보급한다. 일곱째 후원교회/기관/개인에게 협력선교의 모범적 사례를 제시하여 선교 인식이 전환되도록 한다. 여덟째 총회 세계선교대학을 적극 활용하여 에큐메니칼 협력선교를 소개한다. 아홉째 총회와 협력 선교하는 현지교회 총회와 한인 디아스포라 교회/총회가 언어, 문화가 적응된 1.5세대/2세대 가운데 선교사를 선발하고 훈련하여 협력/동역 선교사로 세우도록 한다. 열째 에큐메니칼 협력선교를 통한 세계선교, 북한선교, 이민목회, 통일 등에 기여하는 새로운 선교 패러다임과 모범 사례를 만들도록 한다.

9. 나오는 말

이상에서 새롭게 배운 것을 정리하면 다음과 같다. 첫째 한국교회의 세계선교에 대한 부정적 반응을 극복하는 효과적 대응책이 에큐메니칼 협력선교이다. 둘째 에큐메니칼 협력선교의 사례는 많은 것은 아니지만 일부 선교사들이 20-30여 년에 걸친 헌신을 통해 여러 지역에서 다양한 형태로 만들어 가고 있기에 그런 사례들을 잘 정리하여 소개하는 것이 중요하다. 셋째 세계선교역사와 내한 선교사들의 사례와 산동선교 등 에큐메니칼 협력선교의 중요한 사례들이 있다. 넷째 에큐메니칼 협력선교의 장애물 중 한 가지는 교회의 구조이다. 다섯째 국제선교대회를 통해 나타난 협력선교의 문제의 근원에는 선교와 교회의 이분법, 선교와 교회일치 사이의 이분법이 있다. 이를 신학적으로 규명하고 대안으로 삼위일체 신론, 하나님의 통치, 하나님의 선교, 십자가 선교를 신학적 방향으로 제시했다. 여섯째 WCC가 개종전도를 금지하는 것은 현지교회의 주권을 훼손하기 때문이며, 개종전도는 에큐메니칼 협력관계를 가로막는 큰 장애물이다. 이를 극복하는 길은 에큐메니칼 협력선교, 공동의 증거이다. 일곱째 선교에서의 동역자 관계를 가로막는 장애물은 양자 사이에 존재하는 다양한 형태의 불균형으로 이를 극복하기 위해서는 상대방의 약점과 선물을 동시에 보면서 주는 자이면서 받는 자의 관계를 수립해야 하고, 동역 관계를 실천하면서 상호 배움을 이뤄야 하며, 에큐메니칼 협력선교에 대한 신학적 토론이 도움이 된다. 여덟째 에큐메니칼 협력선교에서 주는자와 받는 자 도식을 극복하고 동역자 관계를 형성해야 한다. 아홉째 에큐메니칼 협력선교는 하나님의 선교에 참여하여 하나님으로부터, 동역교회로부터 배우며 하나님의 뜻을 기다리는 선교사, 자기 문화와 자기의 특권을 부인하고 자기 십자가를 지고 가는 선교사, 양자 교회의 한계를 넘어서서 하나님의 나라를 선교지에서 이루는 선교사이다.

저자 소개

| 김성기 선교사 |
장로회 신학대학교 기독교 교육과, 신학대학원 졸업
아르헨티나 신성교회 전도사, 염산교회에서 부목사,
현 쿠바 개혁 장로교단의 에큐메니칼 동역자(2006년 2월- 현재)

| 김병호 선교사 |
부산장신대학교 졸업, 장로회신학대학교 신학대학원 졸업, 샌프란시스코신학대학원 졸업
현 총회파송 일본선교사, 재일대한기독교회 총간사

| 변창배 목사 |
장로회신학대학교 대학원 (Th.M.)
멜본신학대학교 신학박사 과정 (D.Theol) 수료
현 대한예수교장로회 총회 기획국장

| 이명석 선교사 |
총신대MDiv, 장신대ThM, Akrofi Christaller Institute (Ph.D. candidate)
현 총회파송 가나 에큐메니칼 선교동역자(2002- 현재)
The Mission Director of Ghana-Korea-Germany Church Mission(2002- 현재)

| 이원재 선교사 |

장로회신학대학 신학대학원(M.Div.), 버밍엄대학(영국) (M.A.), 주안대학원대학교(Ph.D.)
현 예장통합 케냐선교사(1997-), 동아프리카 장로교회(PCEA) 선교동역자,
동아프리카 장로교대학 선교학 교수

| 이종실 선교사 |

숭실대 사학과(B.A), 장신대 신대원(M.Div.), 영국 셀리옥 대학 선교학 (Diploma)
총회세계선교부 간사(1988-1992)
현 체코 선교사(1993 - 현재)

| 한경균 선교사 |

장로회신학대학교 신학사(B.Th.), 장로회신학대학교 신대원(M.Div.),
아세아연합신학대학교 대학원(문학석사), 필리핀크리스챤대학교 대학원(선교학)에서 수학
필리핀그리스도연합교회(UCCP) 선교동역자 역임
현 뉴질랜드장로교회(PCANZ) 아시안사역 총무

| 허춘중 선교사 |

WCC 보세이 에큐메니칼 훈련원
전 아시아교회협의회(CCA) MEPP 책임선교사
현 세계교회협의회 아시아지역 위원회(ARG) 위원

| 홍경환 선교사 |

장로회신학대학교 신학과(B. Th.), 신학대학원(M. Div.), 세계선교대학원(Th. M.),
주안대학원대학교(Ph. D.)
총회 세계선교부 간사(1995-1997),
현 총회파송 태국 선교사(2002- 현재), 태국 BODY OF CHRIST CHURCH 담임목사,
태국라이트국제신학교 학장

| 홍인식 선교사 |

파라과이 국립아순시온대학 경영학과 졸업, 장로회신학대학 신학대학원 졸업(M. Div.)
아르헨티나 연합신학대학 신학박사(Ph. D.)
아르헨티나 연합신학대학 교수 역임, 쿠바 개신교신학대학 교수 역임,
현 멕시코 장로교신학대학 교수

| 황홍렬 목사 |

서강대학교 철학과(B. A.), 장로회신학대학 신학대학원(M. Div., Th. M),
영국 버밍엄대학교 신학부 신학박사 (Ph. D.)
친구교회 개척, 총회 사회부 간사,
현 부산장신대학교 선교학 교수

에큐메니칼 협력선교 : 정책, 사례, 선교신학
_____

초판발행 2015년 11월 20일
펴낸곳 꿈꾸는터 / 부산장신대학교 세계선교연구소
편저 황홍렬

주소 서울시 용산구 청파동2가 71-88 4층
전화 070-8650-2271 **팩스** 0505-827-0871
출판신고 2007년 2월 2일 제7-329호

ISBN 978-89-93660-16-6

© 꿈꾸는터, 부산장신대학교 세계선교연구소 2015

| 이 책의 저작권은 꿈꾸는터와 부산장신대학교 세계선교연구소에 있습니다.
  저작권법에 의해 보호를 받는 저작물이므로 무단전재와 복제를 금합니다.

| 표지 그림은 He Qi의 〈Peace Be Still〉입니다. 작가의 허락을 받아 사용했습니다.